Erich Scheurmann

Né en 1878 à Hambourg, Erich Scheurmann a été à la fois peintre, écrivain et conteur. En 1903, il part s'installer sur les bords du Bodensee, où il fait la rencontre de Hermann Hesse. Peu de temps avant le début de la Première Guerre mondiale, il se rend à Samoa. Profondément imprégné de la civilisation polynésienne, nous lui devons de nombreuses photographies de l'île. Au printemps de 1915, il gagne les États-Unis, et rejoint l'Allemagne avant la fin de la guerre. Son livre *Le Papalagui* est paru en 1920 en Allemagne, mais il aura fallu attendre le début des années 80 pour qu'il paraisse en français. Il est aujourd'hui traduit en une quinzaine de langues et vendu à des millions d'exemplaires.

Erich Scheurmann est décédé le 4 mai 1957 à Armsfeld.

LE PAPALAGUI

Les paroles de Touiavii
chef de la tribu de Tiavéa
dans les îles Samoa

Recueilli par Erich SCHEURMANN
Traduit de l'allemand par Dominique Roudière

Présence Image
Éditions

© 2000 by Oesch Verlag AG
© Présence Image Editions, 2001.
Nouvelle traduction & édition 2001
ISBN 978-2-266-13032-5

Le « Papalagui » désigne le Blanc, l'étranger,
littéralement : le pourfendeur du ciel.
Le premier missionnaire blanc qui débarqua
à Samoa, arriva sur un voilier.
Les aborigènes prirent de loin les voiles
blanches pour un trou dans le ciel,
à travers lequel le Blanc venait à eux.
Il traversait le ciel.

*Traduction faite à partir des textes
de l'édition originale de 1920
(Scheurmann - Felsenverlag)*

Introduction

Ce n'était pas du tout l'intention de Touiavii de publier ces propos en Europe, ni même de les faire imprimer ; ils étaient pensés exclusivement pour ses compatriotes polynésiens. Quand je transmis cependant sans qu'il le sache, et certainement à l'encontre de son désir, les discours de cet aborigène au lectorat européen, il ressortit de la traduction que cela pourrait être important pour nous, Blancs éclairés, d'expérimenter comment les yeux d'un homme encore étroitement lié à la nature nous appréhendaient, nous et notre culture. Grâce à son regard, nous ressentons ce que nous sommes d'un point de vue que nous ne pouvons plus percevoir nous-mêmes. Bien que sa façon de voir enfantine, ou même puérile, puisse être trouvée niaise, surtout par des partisans de la civilisation, plus d'un mot de Touiavii, plein de bon sens et de modestie, doit donner à réfléchir et forcer au regard sur soi, car sa sagesse, qui ne provient d'aucune érudition, vient de la simplicité qui est de Dieu.

Ces discours ne sont ni plus ni moins qu'un appel à tous les peuples primitifs des mers du Sud à se détacher des peuples éclairés du continent européen. Touiavii, dénigreur de l'Europe, vivait dans la plus profonde conviction que ses aïeux aborigènes avaient fait une très grande erreur, quand ils s'étaient laissé enchanter par la lumière de l'Europe. Pareillement à cette jeune femme vierge de Fagosa qui, du haut d'un récif, repoussa les premiers missionnaires avec son éventail : « Écartez-vous de là, démons malfaisants ! », il vit aussi dans l'Europe l'obscur démon, le principe destructeur, dont il faut se garder si l'on veut conserver son innocence.

Quand je connus Touiavii, il vivait paisiblement à l'écart du monde européen, sur la petite île éloignée d'Upolu qui appartient au groupe de Samoa, dans le village de Tiavéa dont il était le plus important chef de tribu. Sa première approche était celle d'un géant massif et amical. Il était bien haut de deux mètres et d'une constitution extraordinairement forte. Tout à l'opposé, sa voix résonnait doucement et suavement comme celle d'une femme. Ses grands yeux sombres, enfoncés, ombragés d'épais sourcils, avaient un je-ne-sais-quoi d'étrange et de fixe. Mais dans une prise de parole soudaine, ils s'embrasaient chaudement et dévoilaient une âme lumineuse et bienveillante.

Par ailleurs, rien ne différenciait Touiavii de ses frères aborigènes. Il buvait son kava[1], se rendait

---

1. La boisson populaire des îles de Polynésie, préparée à partir des racines de l'arbuste kava (voir lexique).

le soir et le matin au loto[1], *mangeait des bananes, des taros et des yams*[2] *et s'adonnait à toutes les habitudes et coutumes du pays. Seuls ses plus intimes savaient ce qui fermentait continuellement dans son esprit en quête de clarté, quand il reposait sur sa grande natte, comme songeant les yeux mi-clos.*

Alors que l'aborigène, en général, vit comme l'enfant seul dans son royaume sensible, complètement dans le présent, sans réflexion sur soi ni sur son entourage proche ou lointain, Touiavii était une nature d'exception. Il dominait de loin ses semblables parce qu'il possédait la conscience, cette énergie intérieure qui nous distingue en premier lieu de tous les peuples primitifs[3].

C'est de ce caractère exceptionnel que provient le souhait de Touiavii de découvrir la lointaine Europe, un désir impatient, qu'il entretenait déjà, quand il était élève à l'école des missionnaires maristes[4], *mais qui ne se réalisa qu'à la maturité. S'attachant à un groupe folklorique, qui parcourait alors le continent, cet assoiffé d'expériences visita l'un après l'autre tous les États européens et acquit une connaissance précise de l'âme et de*

1. Office religieux.
2. Plantes cultivées pour leurs tubercules.
3. *N.d.É. :* Cette phrase n'engage que Scheurmann.
4. Les frères maristes (Petits Frères de Marie), institut composé de religieux laïcs, fondé en 1817 par le bienheureux et saint Marcellin Champagnat, pour l'éducation de la jeunesse et des pauvres. *Les pères maristes* (Société de Marie), institut aux formes d'apostolat multiples, fondé en 1822 par le P. Colin. Ces deux institutions ont été présentes sur Upolu. Touiavii a dû être enseigné par les pères maristes.

la culture de ces pays. J'ai eu plus d'une fois l'occasion de m'étonner de la justesse de ces connaissances touchant à des petites choses insignifiantes. Touiavii possédait à un haut niveau le don de l'observation lucide, sans préjugé. Rien ne pouvait l'aveugler, aucun mot ne pouvait le distraire d'une vérité. Il voyait la chose en soi ; ainsi, dans toutes ses observations, il n'abandonnait jamais son propre point de vue.

Bien que j'aie vécu plus d'un an dans son voisinage immédiat (j'étais membre de son village), Touiavii ne s'ouvrit à moi que lorsque nous devînmes amis, après qu'il eut dépassé et oublié que j'étais européen. Quand il se fut assuré que j'étais mûr pour sa sagesse simple et qu'elle ne serait pas une fois sujet à moquerie de ma part, alors seulement il me fit écouter des extraits de ses notes. Il me les lut d'un ton égal, sans effet oratoire, comme si tout ce qu'il avait à dire était historique. Et directement par cette élocution, son discours eut sur moi un effet des plus purs et des plus clairs et fit naître en moi le vœu de garder les mots entendus. Ce n'est que beaucoup plus tard que Touiavii mit ses notes entre mes mains et m'accorda la possibilité d'une traduction allemande qui, comme il le pensait, devait servir seulement à un commentaire personnel et ne jamais être un but en soi. Tous ces propos sont des premiers jets, ils ne sont pas remaniés et achevés par Touiavii qui ne les a jamais relus. Il ne voulait commencer sa mission, comme il disait, en Polynésie qu'après avoir pleinement ordonné le sujet dans son esprit et l'avoir parfaitement pénétré pour une ultime clarté. J'ai dû quitter l'Océanie sans pouvoir attendre le résultat de cette maturation.

J'avais la grande ambition de rester le plus fidèle possible à l'original, dans ma traduction, et je ne me suis pas permis, non plus, dans la mise en ordre des textes, la moindre intervention. J'ai compris pourtant combien l'art intuitif de l'expression et le souffle de la transmission directe se sont perdus. Celui qui connaît les difficultés pour traduire une langue primitive, de rendre ses expressions ingénues sans qu'elles manquent de saveur et de relief, m'excusera volontiers.

Touiavii, l'insulaire sans culture, considérait toutes les acquisitions culturelles européennes comme de la folie, comme une impasse. Cela pourrait paraître prétentieux, s'il n'exposait pas cela avec une merveilleuse simplicité délivrée par un cœur humble. Il met en garde ses compatriotes et les appelle à se libérer de la fascination du Blanc. Mais il le fait avec le ton de la mélancolie, témoignant que son ardeur missionnaire prend sa source dans l'amour humain, non dans la haine. « Vous croyez nous apporter la lumière, me dit-il, lors de notre dernière entrevue ; en vérité, vous voulez nous entraîner dans vos ténèbres. » Il regarde les choses et les évènements de la vie avec la loyauté et l'amour de la vérité d'un enfant, il s'engage dans des protestations et découvre de profondes carences morales. Et pendant qu'il les dénombre et se les rappelle, ils deviennent pour lui une dernière expérience. Il ne voit pas où est la haute valeur de la culture européenne, quand elle dépouille l'homme de lui-même, le rend faux, dénaturé et méchant. Quand il décrit nos acquisitions, commençant par la peau, notre apparence, et les nomme d'une façon non européenne dénuée de préjugés, il nous dévoile un spectacle plutôt limité de nous-mêmes, et l'on ne sait pas si l'on doit sourire de l'acteur ou de la représentation.

C'est dans cette ouverture de l'enfant et cette absence d'entraves au jugement que se situent à mon avis la valeur des propos de Touiavii, pour nous, Européens, et la raison d'une publication. La guerre mondiale[1] nous a rendus sceptiques envers nous-mêmes, nous commençons aussi à voir les vraies valeurs et à douter que nous puissions réaliser notre idéal profond dans cette culture-là. Ne nous considérons donc pas comme trop cultivés, descendons un peu du haut de notre esprit vers la façon simple de voir et de penser de cet insulaire des mers du Sud, qui n'est chargé d'aucune formation européenne et, encore intact dans son ressenti et son regard, peut nous aider à reconnaître comment nous nous sommes privés du sens du sacré, pour créer en échange des idoles mortes.

Erich Scheurmann
Horn in Baden, 1920

---

1. 1914-1918.

Avant-propos de la traductrice

Je me suis attachée à garder, autant que possible, le niveau de langue simple et proche de l'oral, en traduisant ce texte, paru en 1920 en Allemagne, pour les lecteurs francophones de 2001. L'attention littéraire consiste en la fluidité que nous avons voulu, avec l'éditeur, redonner au discours. Certaines tournures du polynésien, à l'écoute de la nature et des sensations corporelles, sont peu éloignées du français contemporain qui dit, par exemple : « Ça me prend la tête. » Scheurmann a inclus des expressions qui peuvent nous être singulières et quelques mots samoans d'usage courant. Pour Touiavii, un objet que l'on a fait sourit, le temps aime le repos, les choses concrètes ou abstraites sont personnalisées, comme chez les peuples traditionnellement animistes. Tout a pour lui sa valeur en soi, son énergie propre. Parfois c'est un chant poétique qui s'élève à travers de longues phrases. Et la poésie est aussi celle qui interroge ; de temps en temps il faut accepter de ne pas comprendre, et laisser au noble Samoan la culture qui lui appartient.

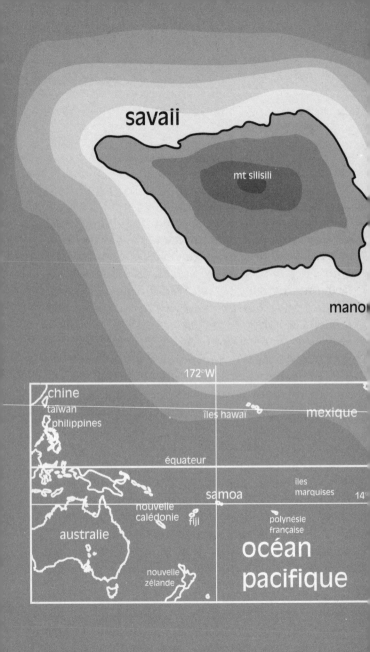

SAMOA

Situées à 3 000 kilomètres au nord de la Nouvelle-Zélande, les Samoa occidentales couvrent une superficie égale au tiers de celle de la Corse. Les deux îles
principales sont Savaii et Upolu où se trouve la capitale, Apia. La population
totale atteint 166 000 habitants (recensement de 1995). Le domaine maritime
s'étend à 250 000 kilomètres carrés.

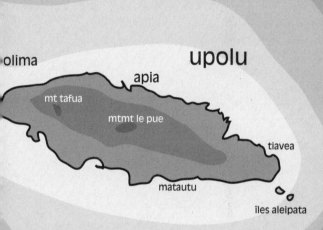

État indépendant des Samoa Occidentales au 1/07/97
Régime parlementaire. Membre du Commonwealth.
Chef d'État : Malietoa Tanumafili II, nommé à vie. Après sa mort, le chef d'État
sera élu par l'assemblée législative pour une durée de cinq ans.
Premier ministre : Tofilau Eti Alesana, détenteur du pouvoir.
Assemblée législative : 45 membres élus pour cinq ans parmi les Mataïs.

1920 : fin du protectorat allemand et mise sous mandat néo-zélandais.
1er janvier 1962 : indépendance.
5 avril 1963 : mort du roi Tupua Tamasese Mea'Ole.
23 février 1985 : réélection de Tofilau Eti Alesana comme Premier Ministre.
Avril 1991 : élection favorable à Tofilau Eti Alesana.
Décembre 1991 : passage ravageur du cyclone Val.

**Après avoir été marquée par une série de catastrophes naturelles, notamment en
1994, la situation s'est améliorée. Mais le despotisme des pasteurs de différentes
obédiences ne facilite pas la vie quotidienne de la population.**

LES COUVRE-CHAIR
DU PAPALAGUI,
SES NOMBREUX PAGNES
ET NATTES

Le Papalagui est continuellement préoccupé de bien recouvrir sa chair. « *Le corps et ses membres sont de la chair, seulement ce qui est au-dessus du cou est l'homme véritable.* » Voici ce que me disait un Blanc qui jouissait d'une grande considération, et passait pour très intelligent. Il pensait que n'était digne du regard que le lieu où l'esprit et toutes les bonnes et mauvaises pensées séjournent : la tête, que le Blanc laisse volontiers découverte, ainsi qu'à la rigueur les mains. Bien que la tête et les mains ne soient rien que de la chair et des os. Celui qui laisse voir sa chair à d'autres endroits ne peut prétendre à la reconnaissance sociale.

Quand un jeune homme fait d'une jeune fille sa femme, il ne sait jamais s'il n'est pas dupé car il n'a jamais vu son corps auparavant[1]. Une jeune fille, aurait-elle grandi en beauté, comme la plus belle *taopoou*[2] de Samoa, couvre son corps afin

1. *Note de Touiavii :* Même plus tard, elle ne le lui montrera que rarement et la nuit seulement ou au crépuscule.
2. Une vierge du village, reine des jeunes filles.

que personne ne puisse le remarquer, ni se réjouir à sa vue.

La chair est péché. Ainsi parle le Papalagui. Car seul son esprit est grand selon lui. Le bras qui va lancer un objet dans la lumière du soleil est une flèche du péché. La poitrine sur laquelle déferle la vague de l'inspiration est le carquois du péché. Les membres sur lesquels la vierge nous offre une *siva*[1] sont pécheurs. Et même les membres qui s'attouchent pour engendrer les hommes, à la joie de la grande terre, sont péchés. Tout ce qui est chair est péché. Dans chaque tendon vit un poison sournois qui bondit d'homme à homme. Qui regarde seulement la chair absorbe le poison, il est atteint et devient aussi mauvais et rejeté que celui qui se donne à voir. Voilà ce que disent les lois morales sacrées de l'homme blanc !

C'est pour cela que le corps du Papalagui est de la tête aux pieds enveloppé de pagnes, de nattes et de peaux, si serrés et si épais qu'aucun œil humain, aucun rayon de soleil ne les traverse, si serrés que son corps devient pâle, blanc et fatigué comme les fleurs qui poussent au fond de la forêt vierge.

Laissez-moi vous décrire, frères plus sensés des nombreuses îles, quel poids un seul Papalagui porte sur son corps. Tout en dessous, une mince peau blanche appelée la peau d'en haut enveloppe le corps nu. Cette peau provient des fibres d'une plante. On l'élève et on la fait retomber de haut en bas par-dessus la tête, la poitrine et les bras jusqu'aux cuisses. Par-dessus les jambes et les

1. Danse aborigène.

cuisses jusqu'au nombril, tirée de bas en haut, vient la peau d'en bas. Ces deux peaux sont recouvertes par une troisième peau plus épaisse, faite avec les poils entrelacés d'un quadrupède laineux, qui est élevé spécialement dans ce but. C'est le véritable pagne. Il se compose la plupart du temps de trois parties, dont l'une recouvre le haut du corps, l'autre le milieu, et la troisième les cuisses et les jambes. Toutes trois sont tenues ensemble par des coquillages et des cordons fabriqués avec la sève séchée du gommier [1], si bien qu'elles ont l'air d'une seule pièce. Ce pagne est en général gris comme la lagune à la saison des pluies ; il ne doit jamais être très coloré, au plus la partie du milieu, et seulement chez les hommes, qui aiment faire parler d'eux et courent beaucoup les femmes.

Les pieds enfin sont aussi pourvus d'une peau douce et d'une peau très dure. La douce est souvent souple et s'adapte bien au pied, au contraire de la dure. Celle-ci est faite avec la peau d'un animal vigoureux, qui est longtemps plongée dans l'eau, raclée avec des couteaux, battue et exposée au soleil jusqu'à ce qu'elle durcisse complètement. Le Papalagui s'en sert alors pour fabriquer une sorte de pirogue à bords relevés, juste assez grande pour accueillir un pied. Une pirogue pour le pied gauche, et une pour le pied droit. Ces bateaux pour pieds sont crochetés et ficelés solidement au cou-de-pied, de sorte que les pieds s'allongent dans une coque solide comme le corps d'un escargot de mer. Le Papalagui porte les peaux de pieds du lever au

---

1. Touiavii désigne ainsi les boutons et les élastiques.

coucher du soleil, il va dedans en *mélaga*[1] et danse là-dedans, il les porte même si le temps est aussi torride qu'après une pluie tropicale.

Le Blanc remarque bien que cela n'est pas du tout naturel, parce que cela rend les pieds comme morts et commençant déjà à puer, et parce que effectivement la plupart des pieds européens ne peuvent plus agripper, ni grimper à un palmier. Alors le Papalagui essaie de dissimuler sa folie, en recouvrant la peau rouge de cet animal avec beaucoup de boue, qu'il fait briller en la frottant si bien que les yeux sont aveuglés et doivent se détourner.

Il y eut en Europe un Papalagui renommé, beaucoup de gens venaient à lui parce qu'il leur disait : « *Ce n'est pas bon de porter aux pieds des peaux si serrées et si lourdes. Allez pieds nus sous le ciel aussi longtemps que la rosée de la nuit tapisse l'herbe, et toute maladie se retirera de vous.* » Cet homme était très sain et intelligent ; mais on a ri de lui et on l'a bientôt oublié.

La femme porte aussi comme l'homme beaucoup de nattes et de pagnes entortillés autour du corps et des cuisses. Sa peau est à cause de cela couverte de balafres et de marques dues aux cordons. Les seins sont devenus faibles et ne donnent plus de lait à cause de la pression d'une natte nouée devant la poitrine et sur le dos, et allant du cou au bas du corps, une natte fabriquée très durement avec des arêtes de poisson[2], des fils et du fil de

1. En voyage (voir note du lexique).
2. Les baleines.

22

fer. Aussi, la plupart des mères donnent à leurs enfants le lait dans un rouleau de verre, fermé en bas, et qui porte en haut un téton artificiel. Ce n'est pas non plus leur propre lait qu'elles donnent, mais celui d'animaux rouges, vilains et cornus, auxquels on le soutire de force de quatre tétons sous le ventre.

Du reste les pagnes des femmes et des filles sont plus fins que ceux des hommes, et peuvent aussi avoir des couleurs et briller de loin. Aussi le cou et les bras transparaissent souvent et font voir plus de chair que chez l'homme. Pourtant on apprécie qu'une jeune fille se couvre beaucoup, et les gens disent avec satisfaction : *« elle est chaste »* – ce qui doit vouloir dire : *elle fait attention aux commandements de la société rangée.*

C'est pour cela que je n'ai jamais saisi pourquoi, lors de grands *fono*[1] et de festins, les femmes et les jeunes filles ont le droit de laisser voir leur chair librement au cou et dans le dos, sans que cela soit un déshonneur. Mais c'est peut-être ça justement l'épice de la festivité : ce qui est permis une fois ne l'est pas tous les jours !

Les hommes seulement gardent le cou et le dos constamment bien couverts. Du cou jusqu'aux tétons, un *alii*[2] porte un morceau de pagne durci à la chaux[3], de la grandeur d'une feuille de taro. Là-dessus repose, enroulé autour du cou, un haut

1. Réunions, soirées.
2. Monsieur.
3. Le plastron blanc.

cercle du même blanc [1], également durci à la chaux. Il tire de ce cercle un morceau de pagne coloré, il l'entrelace comme un cordage de bateau, enfonce à travers un clou en or ou une perle de verre, et laisse pendre le tout sur le bouclier. Beaucoup de Papalaguis portent aussi des cercles chaulés aux poignets, mais jamais aux chevilles.

Ce bouclier blanc et les anneaux blancs chaulés sont très significatifs. Un Papalagui ne sera jamais en présence d'une femme sans cet ornement du cou. C'est encore pire quand l'anneau est devenu noir, et ne renvoie plus de lumière. C'est pour cela que beaucoup de grands *alii* changent chaque jour de bouclier et d'anneaux.

Alors que la femme a de nombreuses nattes colorées pour les fêtes, des coffres dressés remplis, et qu'elle donne beaucoup de ses pensées au pagne qu'elle mettra aujourd'hui ou demain, s'il devra être long ou court, alors qu'elle parle toujours avec beaucoup d'amour de la parure qu'elle doit accrocher dessus, l'homme n'a le plus souvent qu'un seul habit de fête et n'en parle presque jamais. C'est *l'habit d'oiseau* : un pagne d'un noir profond qui tombe dans le dos, pointu comme la queue du perroquet des bois [2]. Avec cet habit d'apparat, les mains doivent aussi porter des peaux blanches, des peaux sur chaque doigt, si étroites que le sang brûle et court vers le cœur. Il est permis aux hommes

1. Le col.
2. La queue-de-pie.

sensés de tenir ces peaux dans les mains ou de les coincer dans le pagne au niveau des tétons.

Dès qu'un homme ou une femme quitte sa hutte et pose le pied dans la rue, il s'enveloppe encore dans un pagne plus ample, épais ou fin selon que le soleil brille ou non. Ensuite ils couvrent aussi leur tête : les hommes, avec un vase rigide et noir, creux et bombé comme le toit d'une maison de Samoa ; les femmes, avec de grands raphias entrelacés ou des paniers renversés, où elles attachent des fleurs qui ne fanent jamais, des plumes d'apparat, des perles de verre, des morceaux de pagnes et toutes sortes de décorations. Ils ressemblent à la parure d'une *taopoou* lors de la danse de guerre, sauf que celle-ci est beaucoup plus belle et ne peut tomber de la tête ni pendant la danse, ni pendant la tempête. Les hommes agitent ces maisons de tête à chaque rencontre pour saluer, pendant que les femmes inclinent seulement leur fardeau doucement vers l'avant, comme une barque mal chargée.

Ce n'est qu'à la nuit, quand le Papalagui cherche la natte, qu'il se débarrasse de tous les pagnes, mais il s'enveloppe aussitôt d'un nouveau pagne unique, ouvert aux pieds. Les filles et les femmes portent ce pagne de nuit souvent richement décoré au bord du cou, bien qu'on le voie peu. Dès que le Papalagui est couché sur sa natte, il se couvre immédiatement jusqu'à la tête avec les plumes du ventre d'un grand oiseau, rassemblées dans un grand pagne pour qu'elles ne tombent et se dispersent, ni ne s'envolent. Ces plumes font transpirer le corps et amènent le Papalagui à penser qu'il est couché au soleil, même s'il ne brille pas. Car il ne fait pas beaucoup attention au vrai soleil.

Alors il est clair qu'avec tout ça le corps du Papalagui devient blanc et pâle, sans les couleurs de la joie. Mais c'est ainsi que le Blanc aime vivre. Les femmes, surtout les jeunes, sont anxieuses et préoccupées de protéger leur peau pour qu'elle ne rougisse jamais à la grande lumière, et dès qu'elles vont au soleil, elles tiennent pour la défendre un grand toit au-dessus de leur peau. Comme si la pâle couleur de la lune était plus précieuse que la couleur du soleil. Mais le Papalagui aime en toutes choses se faire une science et une loi à sa façon. Parce que son propre nez est pointu comme la dent du requin, il est vraiment beau, et le nôtre qui reste éternellement rond et mou, il le déclare affreux, vilain, alors que nous disons exactement le contraire.

Et parce que les corps des femmes et des jeunes filles sont si fortement recouverts, les hommes et les adolescents ressentent un grand désir de voir leur chair, comme c'est naturel en effet. Ils y pensent jour et nuit et parlent beaucoup des formes du corps des femmes et des filles, et toujours comme si ce qui est beau et naturel était un grand péché et ne pouvait arriver que dans l'ombre obscure. S'ils laissaient voir ouvertement la chair, ils s'adonneraient à d'autres pensées, leurs yeux ne loucheraient pas et leurs bouches ne diraient pas de mots libidineux quand ils rencontrent une jeune fille.

Mais la chair est péché, tient de l'*Aïtou*[1]. Y a-t-il une pensée plus stupide, chers frères ? Si on croyait aux paroles du Blanc, on souhaiterait avec lui que notre chair soit dure comme la pierre de lave et sans sa belle chaleur, qui vient de l'intérieur. Mais nous pouvons encore nous réjouir de ce que notre chair peut parler avec le soleil, de ce que nos jambes peuvent s'élancer comme le cheval sauvage, parce que aucun pagne ne les lie et aucune peau de pied ne les alourdit, et nous ne portons pas de couverture de tête à laquelle il faut faire attention. Soyons dans la joie à la vue de la vierge belle de corps qui montre ses membres à la lumière du soleil et de la lune. Le Blanc est idiot, aveugle, il n'a pas le sens de la vraie joie, lui qui doit tellement s'envelopper pour ne pas avoir honte.

1. Le mauvais Esprit, le Diable.

LES COFFRES EN PIERRE,
LES FENTES DE PIERRE,
LES ÎLES DE PIERRE
ET CE QU'IL Y A ENTRE ELLES

Le Papalagui habite comme les fruits de mer dans une coquille dure. Il vit entre des pierres comme le scolopendre entre les fentes de lave. Les pierres sont tout autour de lui, à côté de lui et au-dessous de lui. Sa hutte ressemble à un coffre en pierre debout. Un coffre plein de cases et de trous. On ne peut rentrer et sortir de la coquille de pierre qu'en se glissant par un seul endroit. Le Papalagui appelle cet endroit *l'entrée* quand il entre dans la hutte, *la sortie* quand il en sort, bien que les deux ne soient qu'une seule et même chose. À cet endroit se trouve un grand battant de bois qu'il faut pousser vigoureusement avant de pouvoir entrer dans la hutte. Mais on n'en est qu'au début et il faut encore pousser plusieurs battants, ce n'est qu'ensuite qu'on est vraiment dans la hutte.

La plupart des huttes sont habitées par plus de gens qu'un seul village de Samoa, on doit savoir exactement le nom de l'*aïga*[1] à qui l'on rend visite. Car chaque *aïga* a sa propre part du coffre de

1. La famille.

pierre, soit en haut, soit en bas, soit au milieu, à droite ou à gauche ou tout droit. Et une *aïga* ne sait souvent rien de l'autre, absolument rien, comme s'il n'y avait pas seulement un mur de pierre entre elles mais *Manono, Apolima, Savaii* [1] et de nombreuses mers. Ils savent souvent à peine leurs noms, et quand ils se rencontrent devant le trou où ils se glissent, ils ne se saluent qu'à contrecœur ou bourdonnent comme des insectes ennemis. Comme s'ils étaient fâchés de devoir vivre proches les uns des autres.

Si l'*aïga* habite en haut, tout à fait sous le toit de la hutte, on doit escalader beaucoup de branches, en zigzag ou en rond, jusqu'à ce qu'on arrive au lieu où le nom de l'*aïga* est écrit sur le mur. Alors on voit devant soi la gentille copie d'un téton féminin sur lequel on appuie, et un cri résonne faisant venir l'*aïga*. La personne regarde, par un petit trou rond et grillagé dans la paroi du mur, s'il s'agit d'un ennemi ; dans ce cas, elle n'ouvre pas. Mais quand elle reconnaît l'ami, elle détache aussitôt un grand battant de bois, qui est solidement enchaîné, et le tire à elle pour que l'hôte puisse entrer par la fente dans la hutte proprement dite.

Et celle-ci est encore rompue par beaucoup de parois de pierre raides, et on se glisse plus loin par battants et battants de coffres en coffres, qui deviennent de plus en plus petits. Chaque coffre, que le Papalagui appelle une pièce, a un trou, par lequel entre la lumière ; quand il est plus grand,

---

1. Trois îles qui appartiennent au groupe de Samoa.

deux ou plus. Ces trous sont fermés avec du verre, que l'on peut retirer quand l'air frais doit entrer dans les coffres, chose vivement nécessaire. Mais il y a beaucoup de coffres sans trous d'air et de lumière. Un Samoan étoufferait vite dans un coffre semblable, car il n'y passe nulle part un courant d'air frais, comme dans chaque hutte de Samoa.

Et aussi les odeurs du coffre-cuisine cherchent une sortie. Mais la plupart du temps l'air qui vient du dehors n'est pas meilleur. Et on a du mal à saisir qu'un être humain ne meure pas ici, que de nostalgie il ne devienne pas un oiseau, qu'il ne lui pousse pas des ailes pour s'élancer et voler où se trouvent l'air et le soleil. Mais le Papalagui aime ses coffres de pierre et ne remarque plus comme ils sont malsains.

Et chaque coffre de pierre a un but particulier. Le plus grand et le plus clair sert aux *fono* de la famille ou à recevoir les visiteurs, un autre sert à dormir. Là, les nattes sont posées sur un socle en bois avec de longs pieds pour que l'air puisse circuler sous les nattes.

Un troisième coffre sert à prendre les repas et à faire des nuages de fumée, un quatrième garde les provisions, dans le cinquième on cuisine et dans le dernier, le plus petit, on se baigne. Celui-ci est l'endroit le plus beau de tous. Il est revêtu de grands miroirs, le sol décoré par une couche de pierres colorées, et au milieu il y a une grande coquille en métal ou en pierre, dans laquelle de l'eau ensoleillée ou non se précipite. On monte à l'intérieur de cette si grande coquille, plus grande qu'une vraie tombe de chef, pour se nettoyer et se

rincer de tout le sable des coffres de pierre. Il y a
bien sûr d'autres huttes avec plus de coffres. Il y
a même des huttes où chaque enfant, chaque serviteur du Papalagui a son propre coffre ; même ses
chiens et ses chevaux en ont.

Et le Papalagui passe sa vie dans ces coffres. Il
est tantôt dans ce coffre-ci, tantôt dans ce coffre-là
selon l'heure du jour. Ses enfants grandissent là,
entre des pierres, haut au-dessus de la terre, souvent plus haut qu'un palmier au terme de sa crois-
sance.

De temps en temps le Papalagui quitte ses coffres privés – comme il dit – pour monter dans un
autre coffre qui sert à ses occupations, pour les-
quelles il ne veut pas être dérangé et n'a besoin ni
de femmes, ni d'enfants. Pendant ce temps, les
femmes et les filles sont au foyer et cuisinent, ou
font luire les peaux de pieds ou lavent les pagnes.
Quand elles sont riches et peuvent entretenir des
serviteurs, ceux-ci font le travail et elles-mêmes
vont en visite, ou chercher de nouvelles provisions.

En Europe vivent de cette façon autant d'hommes qu'il pousse de palmiers à Samoa, et même
beaucoup plus. Quelques-uns ont bien une grande
nostalgie de la forêt, du soleil et de beaucoup de
lumière, mais c'est considéré en général comme
une maladie qu'il faut maîtriser. Si quelqu'un n'est
pas content de cette vie de pierre, on dit : « *Cet
homme n'est pas normal* », ce qui doit vouloir
dire : *Il ne sait pas ce que Dieu a décidé pour
l'homme.*

Et ces coffres de pierre sont parfois en grand

nombre serrés les uns près des autres ; pas un arbre, pas un arbuste ne les sépare. Ils sont comme des hommes épaule contre épaule, et dans chacun il y a autant de Papalaguis que dans un village entier de Samoa.

Un jet de pierre plus loin, sur l'autre côté, il y a la même rangée de coffres de pierre, de nouveau épaule contre épaule, et dans ceux-là aussi des hommes vivent. Entre les deux rangées il n'y a qu'une fente étroite que le Papalagui appelle *la rue*.

Cette fente est souvent aussi longue qu'un fleuve et recouverte de pierres dures. Il faut courir long-temps pour trouver un endroit plus libre ; pourtant des fentes de pierre y débouchent encore. Elles sont de nouveau longues comme les grands fleuves d'eau douce, et leurs ouvertures latérales sont de nouveau des fentes de pierre de même longueur. Ainsi, on peut errer tout le jour parmi ces fentes avant de trouver de nouveau une forêt ou un grand morceau de ciel bleu.

Au milieu des fentes on ne voit que rarement la bonne couleur du ciel, parce que dans chaque hutte il y a au moins un, souvent plusieurs foyers, et l'air est presque toujours rempli de fumée et de cendre, comme pendant une éruption du grand cratère à Savaii. Cet air descend en pleuvant dans les fentes si bien que les hauts coffres de pierre ressemblent à la vase du marais de mangrove [1], et les hommes reçoivent dans les yeux et les cheveux de la terre noire, et du sable dur entre les dents.

1. Ensemble de végétaux des marais du littoral tropical.

Mais tout ceci n'empêche pas les gens de courir un peu partout dans ces fentes du matin au soir. Il y en a même beaucoup qui en ressentent un certain plaisir. Dans quelques fentes, c'est particulièrement le chaos, et les hommes s'y écoulent comme une vase épaisse. Ce sont les rues où sont implantées de gigantesques caisses de verre, où sont étalées toutes les choses dont un Papalagui a besoin pour vivre : des pagnes, des ornements de tête, des peaux de mains et de pieds, des provisions, de la viande et de la vraie nourriture comme des fruits et des légumes et beaucoup d'autres choses encore. Elles sont là présentées pour attirer les gens. Mais personne n'a le droit de prendre quelque chose, même si ça lui est nécessaire, il faut d'abord pour cela une permission spéciale et il faut avoir fait une offrande[1].

Dans ces fentes beaucoup de dangers menacent de tous côtés, car les gens ne font pas que courir de-ci de-là, ils conduisent aussi des véhicules et vont à cheval dans tous les sens, ou se font transporter dans de grands coffres vitrés qui glissent sur des bandes métalliques. Cela fait beaucoup de bruit ! Tes oreilles sont assourdies, car les chevaux font sonner leurs sabots sur les pierres du sol et les hommes, leurs dures peaux de pieds. Les enfants crient, les hommes crient, de joie ou d'effroi, tous crient. On ne peut pas se faire comprendre autrement qu'en criant. C'est un vacarme général, cela siffle, cliquette, piaffe, comme si tu te trouvais à

1. Ou un sacrifice.

Savaii, quand les flots se brisent sur la falaise, un jour où l'orage gronde. Et cependant ce grondement est plus aimable et ne perturbe pas autant les sens que celui qui gronde entre les fentes de pierre.

Enfin, les coffres de pierre et les multiples personnes, les grandes fentes traçant ici et là comme mille rivières, les hommes dedans, les bruits, les grondements, le sable noir et la fumée sur tout, sans un arbre, sans le bleu du ciel, sans l'air clair ni les nuages – c'est tout cela que le Papalagui appelle *une ville*, création dont il est très fier. Bien que vivent là des hommes qui n'ont jamais vu une forêt, ni un ciel dégagé, ni le Grand-Esprit face à face. Des hommes qui vivent comme les reptiles de la lagune dans les coraux, quoique ceux-là, l'eau de la mer les baigne et le soleil les pénètre de sa bouche chaude. Est-ce que le Papalagui est fier des pierres qu'il a réunies ? Je ne sais pas. Le Papalagui est un homme aux sens particuliers. Il fait beaucoup de choses qui n'ont pas de sens et le rendent malade, pourtant il les estime et se chante de belles chansons dessus.

Voilà, la ville est comme je viens de le dire. Mais il y a beaucoup de villes, petites et grandes. Les plus grandes sont celles où habitent les plus hauts chefs d'un pays. Toutes les villes sont éparpillées comme nos îles dans la mer. Elles sont éloignées l'une de l'autre tantôt seulement d'un sentier de baignade, tantôt d'un jour de voyage. Toutes les îles de pierre sont reliées entre elles par des chemins tracés. Mais tu peux aussi t'y rendre avec un bateau terrestre, qui est mince et long comme un ver, qui crache continuellement de la fumée et qui glisse très vite sur de longs fils de fer, plus vite qu'un bateau à douze rameurs en pleine course. Mais si tu veux seulement crier : « *Talofa*[1] » à ton ami, qui est sur une autre île, tu n'as pas besoin d'aller chez lui, ni d'y glisser. Tu souffles tes mots dans des fils de métal, qui vont d'une île de pierre à l'autre comme de longues lianes. Et ils arrivent au lieu que tu as fixé plus vite qu'un oiseau.

Entre toutes ces îles de pierre, il y a la terre proprement dite qu'on appelle l'Europe. Ici la terre est en partie belle et fertile comme chez nous. Elle porte des arbres, des fleuves et des forêts, et il y a aussi de parfaits petits villages. Si les huttes sont aussi en pierre, elles sont quand même souvent entourées d'arbres fruitiers, la pluie peut les laver et le vent les sécher de tous côtés.

Dans ces villages vivent d'autres hommes qui ont d'autres sens que ceux des villes. On les appelle les hommes de la terre. Ils ont des mains plus grosses et des pagnes plus sales que les hommes des fentes, bien qu'ils aient beaucoup plus à manger qu'eux. Leur vie est bien plus saine et plus belle que celle de l'homme des fentes. Mais eux-mêmes ne le croient pas et envient ceux qu'ils appellent *les fainéants*, parce qu'ils ne mettent pas les mains dans la terre pour enfouir ou déterrer les fruits.

Ils vivent en inimitié avec eux parce qu'ils doivent leur donner de la nourriture de leur terre, doivent cueillir les fruits que l'homme des fentes

1. Salut samoan, littéralement : « *Je t'aime.* »

mange, doivent garder et élever le bétail jusqu'à ce qu'il soit gras, et lui en remettre en plus la moitié. Ils peinent beaucoup certainement à remuer la nourriture pour tous les hommes des fentes, et ils ne trouvent pas juste que ceux-ci portent de plus beaux pagnes qu'eux et aient de plus belles mains blanches, sans devoir beaucoup suer au soleil, ni grelotter sous la pluie. Mais cela préoccupe très peu l'homme-fentes. Il est persuadé qu'il a de plus grands droits que l'homme-terre et que ses propres travaux ont plus de valeur que le fait de planter ou ramasser les fruits du sol.

Cette querelle entre les deux parties n'en est tout de même pas à ce point qu'elle mène à la guerre entre eux. Qu'il vive entre des fentes ou sur la terre, en général le Papalagui trouve que tout est bien comme c'est. L'homme-terre s'émerveille de la richesse de l'homme-fentes quand il va là-bas, et l'homme-fentes chante et se gargarise le menton relevé, quand il passe par les villages de l'homme-terre. L'homme des fentes laisse l'homme de la terre engraisser les cochons artificiellement, celui-ci laisse l'homme des fentes construire ses coffres de pierre et les aimer.

Mais nous qui sommes des enfants libres du soleil et de la lumière, nous voulons rester fidèles au Grand-Esprit et ne pas lui alourdir le cœur avec des pierres. Ne peuvent vivre heureux entre des fentes de pierre sans soleil, lumière et vent que des hommes égarés, malades, qui ne tiennent plus la main de Dieu. Accordons au Papalagui son bonheur douteux, mais ruinons chacun de ses essais d'élever des coffres de pierre sur nos rivages ensoleillés, et de tuer la joie de vivre des hommes avec de la pierre, des fentes, de la saleté, du bruit, de la fumée et du sable, comme c'est son but.

LE MÉTAL ROND
ET LE PAPIER LOURD

Frères pleins de bon sens, ouvrez grand vos oreilles et soyez heureux de ne pas connaître la méchanceté et les horreurs du Blanc. Vous pouvez tous témoigner que le missionnaire a dit que Dieu était amour, qu'un vrai chrétien ferait bien de toujours garder l'image de l'amour devant les yeux, que l'adoration du Blanc ne s'adressait qu'au Grand-Dieu seul. Il nous a menti, dupés, le Papalagui l'a corrompu pour qu'il nous abuse avec les mots du Grand-Esprit. Car le métal rond et le papier lourd qu'ils appellent *l'argent*, voilà la véritable divinité du Blanc.

Parle à un Européen du Dieu de l'amour, il fait la moue et sourit. Il sourit de la naïveté de ta pensée. Mais tends-lui un morceau de métal rond et brillant ou un grand papier pesant, aussitôt ses yeux s'éclairent et beaucoup de salive se pose sur ses lèvres.

L'argent est son amour, l'argent est son idole. Tous les Blancs y pensent, même quand ils dorment. Il y en a beaucoup dont les mains sont devenues crochues et ressemblent dans leur position aux pattes de la grande fourmi des bois, à force d'agripper le papier et le métal. Il y en a beaucoup dont les yeux sont devenus aveugles à force de compter leur argent. Il y en a beaucoup qui ont donné leur joie pour l'argent, leur rire, leur honneur, leur conscience, leur bonheur et même femme et enfants.

Presque tous donnent leur santé pour le métal rond et les papiers lourds. Ils l'emportent dans leurs pagnes à l'intérieur de peaux dures et pliées. Ils le posent la nuit sous leur rouleau de repos[1], pour que personne ne le leur prenne. Ils y pensent tous les jours, à chaque heure, à chaque instant. Tous y pensent. Même les enfants doivent y penser. Cela leur est enseigné par leur mère, et ils voient le comportement de leur père.

Tous les Européens sont comme ça. Quand tu vas dans les fentes de pierre de *Siamanis*[2], tu entends ce cri à chaque instant : « Mark ! » et de nouveau : « Mark ! », tu l'entends partout. C'est le nom du métal brillant et du papier pesant. *En Falani*[3] : « Franc ! », en *Peletania*[4] : « Shilling ! », en *Italia* : « Lire ! » Mark, Franc, Shilling, Lire, c'est la même chose[5], tout cela s'appelle toujours l'argent. Seul l'argent est le vrai Dieu du Papalagui, dès lors que devient Dieu ce que nous vénérons le plus.

1. Le traversin ou l'oreiller.
2. Allemagne.
3. France.
4. Angleterre.
5. *N.d.É. :* Et maintenant tous en chœur : « Euros ! »

Mais aux pays des Blancs, il n'est pas possible de vivre sans argent du lever au coucher du soleil, même pas une seule fois. Sans argent du tout, tu ne pourrais pas apaiser ta faim ni ta soif, tu ne trouverais pas de natte pour la nuit. On te mettrait au *falé poui poui*[1] et on clamerait ton nom dans les nombreux papiers[2] parce que tu n'aurais pas d'argent.

Tu dois payer, ça veut dire donner de l'argent, pour le sol où tu te promènes, pour l'emplacement où se trouve ta hutte, pour ta natte de nuit, pour la lumière qui éclaire ta hutte. Et pour avoir le droit d'abattre un pigeon ou de plonger ton corps dans le fleuve. Si tu veux te rendre là où les hommes ont du plaisir, où ils chantent et dansent, ou si tu veux demander un conseil à ton frère, il faut que tu remettes beaucoup de métal rond et de papier lourd.

Il faut payer pour tout. Ton frère se tient partout en tendant la main et il te méprise ou se met en colère contre toi si tu ne mets rien dedans. Ton humble sourire et ton regard le plus aimable ne t'aident en rien à attendrir son cœur. Il ouvrira sa grande gueule et te criera : « *Misérable ! Vagabond ! Paresseux !* » Tout cela signifie la même chose et c'est le plus grand affront qui peut être fait à quelqu'un. Et il te faut même payer pour naître et pour mourir, pour donner ton corps à la terre, et pour la grande pierre que l'on roule sur ta tombe en mémoire de toi.

1. La prison.
2. Les journaux.

Je n'ai trouvé qu'une chose pour laquelle en Europe on ne prélève pas encore d'argent, une chose que chacun peut commander comme il veut : l'aspiration de l'air. Pourtant je croirais presque que ce n'est qu'un oubli, et je ne suis pas loin d'affirmer que si on pouvait entendre mes paroles en Europe, on prélèverait aussitôt le métal rond et le papier lourd aussi pour cette action-là. Parce que tous les Européens cherchent toujours de nouvelles raisons de réclamer de l'argent. Sans argent en Europe, tu es un homme sans tête, un homme sans membres. Tu n'es rien. Tu dois avoir de l'argent. Tu as besoin d'argent comme de manger, de boire et de dormir. Plus tu as d'argent, meilleure est ton existence. Quand tu as de l'argent, tu peux avoir en échange du tabac, des anneaux ou de beaux pagnes. Tu peux avoir autant de tabac, d'anneaux ou de pagnes que tu as d'argent. Si tu as beaucoup d'argent, tu peux avoir beaucoup. Chacun voudrait avoir beaucoup. Pour cette raison, chacun veut aussi beaucoup d'argent. Et chacun plus que l'autre. À cause de cela, l'avidité règne et les yeux surveillent l'argent à toute heure. Lance un métal rond dans le sable, les enfants se précipitent dessus, se battent pour lui et celui qui le saisit et se le met de côté est l'heureux gagnant. Mais on jette rarement de l'argent dans le sable...

D'où vient l'argent ? Comment peux-tu recevoir beaucoup d'argent ? Oh ! de multiples façons, faciles ou difficiles. Quand tu coupes les cheveux à ton frère, quand tu lui enlèves les ordures de devant sa hutte, quand tu mènes une pirogue sur l'eau, quand tu as une grande idée... Oui, il faut être juste : si tout exige beaucoup de métal rond et de papier lourd, tu peux aussi facilement en obtenir pour toutes les actions de cette sorte. Tu dois seulement accomplir un acte qui s'appelle *travail* en Europe. *« Travaille et tu auras de l'argent »*, dit une règle de la société européenne. Mais là, règne une grande injustice à laquelle le Papalagui ne songe pas. Il ne veut pas y penser parce qu'il devrait ensuite reconnaître son injustice. Parmi ceux qui ont beaucoup d'argent, tous ne travaillent pas beaucoup. (Tous voudraient même avoir beaucoup d'argent sans travailler.)

Et cela se passe ainsi : quand un Blanc gagne suffisamment d'argent pour sa nourriture, sa hutte, sa natte et d'autres choses encore, il fait aussitôt travailler son frère pour l'argent qu'il a en plus. Il lui donne d'abord le travail qui a rendu ses propres mains sales et calleuses. Il lui fait emporter les déchets qu'il a lui-même produits. Si c'est une femme, elle prend une jeune fille à son service. Elle doit lui nettoyer la natte sale, la vaisselle et les peaux de pieds, elle doit donner une nouvelle vie aux pagnes déchirés et n'a le droit de rien faire qui ne soit pas pour son service.

Alors il ou elle a du temps pour un travail plus grand, plus important, plus gai et plus fort avec lequel les mains restent plus propres et les muscles plus légers, et pour lequel il reçoit plus d'argent. S'il est fabricant de pirogues, l'autre doit l'aider à construire des pirogues. Il prélève une part, la plus grosse, de l'argent que celui-ci fait grâce à lui et devrait en réalité avoir entièrement, et dès qu'il le peut, il fait travailler deux frères pour lui, puis trois.

Toujours plus nombreux, ils doivent construire des pirogues pour lui, jusqu'à cent ou plus. Jusqu'à ce qu'il ne fasse plus rien du tout que se coucher sur la natte, boire du kava européen et allumer des rouleaux à fumer, livrer les pirogues terminées et se faire apporter le métal et le papier que d'autres ont obtenus pour lui par leur travail.

Alors les hommes disent : « Il est riche. » Ils l'envient et lui font beaucoup de flatteries et de discours agréables. Parce que l'importance d'un homme dans le monde des Blancs n'est pas dans sa noblesse ni dans son courage ni dans l'éclat de ses sens, mais dans la grosseur de son tas d'argent, dans la quantité qu'il peut en faire chaque jour, qu'il garde enfermée dans son gros coffre de fer qu'un tremblement de terre ne renverserait pas.

Il y a beaucoup de Blancs qui entassent l'argent que d'autres ont fait pour eux, le portent dans un lieu sûr où il est bien gardé, y apportent toujours plus jusqu'à ce qu'un jour ils n'aient plus besoin de travailler, car maintenant l'argent travaille pour eux. Je n'ai jamais bien compris comment c'était possible sans quelque terrible sorcellerie, mais en réalité c'est ainsi, l'argent se multiplie comme les feuilles d'un arbre et l'homme s'enrichit même quand il dort.

Et quand un homme a beaucoup d'argent, beaucoup plus que la plupart des hommes, tant que cent ou même mille hommes pourraient voir leur travail facilité avec cet argent, il ne leur donne rien : il entoure le métal rond de ses mains et s'assoit sur le papier pesant avec plaisir et convoitise dans les yeux. Et quand tu lui demandes : « *Que veux-tu faire de ta grande quantité d'argent ? Sur cette terre tu ne peux pas faire beaucoup plus que te vêtir et calmer ta faim et ta soif ?* » Alors il ne peut rien te répondre ou il dit : « *J'ai l'intention d'amasser encore plus d'argent. Toujours plus. Et encore plus* » et tu comprends vite que l'argent l'a rendu malade, que l'argent occupe toutes ses pensées.

Il est malade et possédé, parce qu'il suspend son âme au métal rond et au papier pesant et ne peut jamais en avoir assez, ni s'arrêter d'en tirer à lui le plus possible. Il ne peut pas penser : *Je veux m'en aller du monde sans torts et sans reproches, comme je suis venu, car le Grand-Esprit m'a envoyé sur terre sans le métal rond et sans le papier lourd.* Un petit nombre de gens seulement pensent comme ça. La plupart restent dans leur maladie, leur cœur ne guérit plus jamais, mais ils sont heureux de la puissance que leur procure une grande quantité d'argent.

Ils gonflent de suffisance comme les fruits pourris sous la pluie tropicale. Ils laissent avec plaisir beaucoup de frères travailler rudement pendant qu'eux-mêmes prospèrent et engraissent. Ils font cela sans que leur conscience en souffre. Ils sont contents de leurs beaux doigts blancs qui ne se salissent plus. Cela ne les tourmente pas et ne gêne pas leur sommeil de voler la force des autres pour leur propre usage. Ils ne pensent pas à donner aux autres une part de leur argent pour leur faciliter le travail.

Ainsi il y a en Europe la moitié des gens qui doit beaucoup travailler et se salir, pendant que l'autre moitié travaille peu ou pas du tout. Une moitié n'a pas le temps de s'asseoir au soleil, l'autre en a beaucoup. Le Papalagui dit : « *Les hommes ne pourraient pas tous avoir autant d'argent et s'asseoir ensemble au soleil.* » Avec ce principe, il s'autorise à être féroce pour l'amour de l'argent. Son cœur est dur, son sang est froid, il dissimule, il ment, il est toujours déloyal et dangereux quand ses mains se tendent vers l'argent. Combien de fois un Papalagui en abat un autre pour l'amour de l'argent ! Ou bien il le blesse par le poison de ses paroles, qu'il utilise pour mieux l'engourdir et le détrousser. Aussi on fait rarement confiance à l'autre, car tout le monde connaît la faiblesse de chacun. Tu ne peux jamais savoir si un homme qui a beaucoup d'argent est bon dans son cœur, il peut bien être très mauvais. On ne sait jamais d'où proviennent les trésors de quelqu'un.

Et l'homme riche ne sait pas non plus si les honneurs qu'on lui rend s'adressent à lui ou à son argent. C'est la plupart du temps tourné vers son argent. Et je ne comprends pas pourquoi ceux qui n'ont qu'un peu de métal rond et de papier lourd ont tant de honte et envient l'homme riche, au lieu de se laisser envier eux-mêmes. S'il n'est pas bien, et indélicat, de pendre à son cou de lourds colliers de coquillages, c'est pareil en ce qui concerne un grand poids d'argent. Cela retire à l'homme son souffle, cela enlève à ses jambes la vraie liberté. Mais aucun Papalagui ne veut renoncer à son argent. Pas un. Celui qui n'aime pas l'argent est ridiculisé, il est *valéa*[1]. « *La richesse* – c'est pour lui avoir beaucoup d'argent – *rend heureux* », dit le Papalagui, et « *le pays le plus riche est le plus heureux* ».

Chers frères lucides, nous sommes tous pauvres. Notre pays est le plus pauvre sous le soleil. Nous n'avons pas assez de métal rond ni de papier lourd pour remplir un coffre. Dans la pensée du Papalagui, nous sommes des mendiants misérables. Et cependant ! Quand je regarde vos yeux et les compare à ceux des riches *alii*, je trouve les leurs ternes, altérés et fatigués, tandis que les vôtres, comme la grande lumière, rayonnent de joie, d'énergie, de vie et de santé. Ces yeux-là, je les ai trouvés seulement chez les enfants du Papalagui avant qu'ils sachent parler, car jusqu'à cet âge, ils ne savent rien de l'argent. Comme le Grand-Esprit nous a favorisés en nous préservant de l'*Aïtou* ! L'argent est un *Aïtou* parce que tout ce qu'il provoque est mauvais et rend mauvais. Celui qui touche l'argent tombe sous son enchantement et qui l'aime doit le servir et lui donner son énergie et sa joie tout au long de sa vie.

Aimons nos coutumes généreuses, elles disent le mépris de l'homme qui exige quelque chose en échange de son hospitalité ou réclame un *alofa*[2] quand il propose un fruit. Aimons nos coutumes qui ne permettent pas qu'un homme ait plus de choses qu'un autre, encore moins que l'un ait vrai-

1. Stupide.
2. Un cadeau.

ment beaucoup et l'autre absolument rien. Grâce à elles, notre cœur ne devient pas comme celui du Papalagui qui peut être heureux et gai même si près de lui son frère est triste et malheureux.

Entre toutes choses, gardons-nous surtout de l'argent. Le Papalagui tend aussi vers nous le métal rond et le papier lourd, pour nous donner envie d'en avoir, en prétendant que cela nous rendrait plus riches et plus heureux. Beaucoup d'entre nous sont déjà aveuglés et entraînés dans cette grave maladie. Mais si vous croyez les paroles de votre humble frère et si vous êtes conscients que je dis la vérité quand j'affirme que l'argent n'a jamais rendu plus joyeux ni plus heureux, mais qu'il plonge le cœur et l'homme tout entier dans une confusion malsaine, qu'avec l'argent on n'a jamais vraiment aidé un homme à devenir plus joyeux, plus fort et plus heureux – alors vous haïrez le métal rond et le papier lourd comme votre pire ennemi.

LE PAPALAGUI DEVIENT PAUVRE À CAUSE DU GRAND NOMBRE DE CHOSES

Vous connaissez aussi cette façon qu'a le Papalagui de vouloir nous convaincre que nous sommes pauvres et démunis, et que nous avons grandement besoin d'aide et de compassion, parce que nous n'avons aucune chose.

Laissez-moi vous dire, chers frères des nombreuses îles, ce qu'est une chose. La noix de coco est une chose, le chasse-mouches, le pagne, le coquillage, la bague, le plat pour la nourriture, la parure de tête, tout cela sont des choses. Mais il y a deux sortes de choses : il y a les choses que fait le Grand-Esprit sans qu'on le voie et qui ne demandent aux hommes aucune peine et aucun travail comme la noix de coco, le coquillage, la banane et il y a les choses que les hommes font, qui demandent beaucoup de travail et de peine, comme la bague, le plat pour la nourriture ou le chasse-mouches. L'*alii* pense que nous manquons des choses qu'il fait lui-même de ses mains. Il ne sait pas penser aux choses du Grand-Esprit. En effet, qui est plus riche de choses du Grand-Esprit que nous ?

Jetez votre regard autour de vous, et au loin, là

où le bord de la terre porte la grande voûte bleue. Tout est rempli des grandes choses : la forêt vierge et ses ramiers sauvages, ses colibris et ses perroquets, la lagune et ses concombres de mer [1], ses coquillages, ses langoustes et autres animaux marins, la plage avec sa figure claire et la fourrure moelleuse de son sable, la grande Eau qui peut se mettre en colère comme un guerrier ou sourire comme une *taopoou*, la grande voûte bleue qui change toutes les heures et promène de grandes fleurs qui nous apportent la lumière d'or et d'argent.

Voulons-nous devenir fous et rajouter des choses aux choses sublimes du Grand-Esprit ? Nous ne pourrons jamais l'imiter de toute façon, car notre esprit est beaucoup trop petit auprès de la puissance du Grand-Esprit, et notre main bien trop faible à côté de sa grande et forte Main. Tout ce que nous pouvons faire est infime et ne vaut pas la peine d'en parler. Nous pouvons prolonger notre bras d'une massue, agrandir notre main creuse avec une *tanoa* [2], mais pas un Samoan ni aucun Papalagui n'a encore fait ne serait-ce qu'une feuille de palmier ou le tronc d'un kava.

Le Papalagui se croit vraiment capable de faire de telles choses, il se croit fort comme le Grand-Esprit. Et c'est pour cela que des milliers de mains ne font rien d'autre du lever au coucher du soleil que fabriquer des choses. Des objets humains dont

1. De la famille des oursins, comestible.
2. Grand bol de bois à plusieurs pieds, où l'on prépare le kava (voir lexique).

nous ne connaissons pas le but et dont nous ignorons la beauté. Et le Papalagui réfléchit sans arrêt à toujours plus de nouveaux objets. Ses mains sont fébriles, son visage devient gris comme la cendre et son dos voûté, mais il s'éclaire de joie quand il réussit un nouvel objet. Et aussitôt tout le monde veut avoir le nouvel objet et l'adore, ils le placent devant eux et le vantent dans leur langue.

Croyez-moi, bien chers frères, je suis arrivé derrière les pensées du Papalagui et j'ai vu ses intentions comme si le soleil l'éclairait en plein midi. C'est parce qu'il anéantit les choses du Grand-Esprit partout où il arrive, qu'il veut faire revivre par ses propres moyens ce qu'il tue, ainsi il se fait croire qu'il est lui-même un Grand-Esprit puisqu'il crée les choses en grand nombre.

Imaginez, mes frères, que, dans l'heure qui vient, s'abatte une grande tempête qui arrache la forêt vierge et ses montagnes avec les arbres et tout le feuillage, qu'elle emporte tous les coquillages et tous les animaux de la lagune et qu'il n'y ait plus une fleur d'hibiscus pour orner les cheveux des *taopoou*. Tout ce que nous voyons disparaîtrait et il ne resterait rien que le sable et la terre, cela ressemblerait au plat de la main tendue ou à une colline sur laquelle a coulé la lave incandescente. Comme on souffrirait et regretterait le palmier, le coquillage, la forêt vierge, tout !

Là où sont les nombreuses huttes du Papalagui, dans ces lieux qu'ils appellent les villes, la terre est, hélas, aussi nue que le plat de la main. C'est aussi à cause de ça que le Papalagui s'est égaré et simule le Grand-Esprit pour oublier ce qu'il n'a pas. Il est tellement pauvre et son pays tellement triste qu'il s'empare des choses et les rassemble comme le fou ramasse des feuilles flétries et en remplit sa hutte. Mais aussi, il nous jalouse et souhaite que nous devenions pauvres comme lui.

Quand l'homme a besoin de beaucoup de choses, il est dans une grande pauvreté, car il prouve en cela qu'il est démuni des choses du Grand-Esprit. Le Papalagui est pauvre parce qu'il est possédé par les objets. Il ne peut plus vivre sans les objets.

Quand avec le dos de la tortue il fait un ustensile pour lisser ses cheveux, sur lesquels il a mis de l'huile, il fait encore une peau pour l'ustensile, pour la peau un petit coffre pour le petit coffre, encore un grand coffre. Il met tout dans des peaux et des coffres. Il y a des coffres pour les pagnes, les pagnes du haut et les pagnes du bas, pour les tissus de bain, les tissus de bouche et d'autres tissus, des coffres pour les peaux de mains et les peaux de pieds, pour le métal rond et le papier lourd, pour la nourriture et pour le livre saint, pour tout. Il fait toujours beaucoup de choses quand une seule suffit.

Quand tu entres dans une hutte-cuisine européenne, tu vois beaucoup de plats de service et d'ustensiles de cuisine jamais utilisés. Il y a une *tanoa* pour chaque aliment, une pour l'eau différente de celle du kava européen, une pour la noix de coco et une pour le pigeon. Une hutte européenne contient tant de choses que même si chaque homme d'un village de Samoa en chargeait ses mains et ses bras, le village entier ne suffirait pas à les emporter toutes. Dans une seule hutte, il y a tant de choses que la plupart des chefs blancs ont besoin de beaucoup d'hommes et de femmes rien que pour mettre ces choses à leur place et les nettoyer du sable. Et même la *taopoou* la plus importante passe beaucoup de temps à compter les nombreux objets, à les déplacer et à les nettoyer.

Vous savez, mes frères, que je ne vous mens pas et que je vous dis tout comme je l'ai vraiment observé, sans en rajouter ni en enlever. Eh bien, croyez-moi, il y a en Europe des hommes qui posent le tube à feu sur leur propre front et se tuent, parce qu'ils préfèrent ne pas vivre plutôt que vivre sans les objets. Le Papalagui saoule son esprit de multiples façons, ainsi il se fait même croire qu'il ne pourrait pas survivre sans les choses, comme un homme ne peut pas survivre sans manger !

Et je n'ai jamais trouvé en Europe une hutte où je puisse bien me reposer sur la natte, où rien ne dérange la détente de mes membres. Tous les objets envoyaient des éclairs ou criaient fort avec la bouche de leur couleur si bien que je ne pouvais pas fermer les yeux. Je ne pus jamais trouver le vrai repos et je ne me suis jamais autant langui de ma hutte de Samoa, où il n'y a pas d'autres objets que ma natte et le rouleau de repos, où rien ne m'atteint que le doux vent alizé de la mer.

Celui qui a peu de choses se dit pauvre, et se désole. Aucun Papalagui ne chante et n'exprime la joie avec ses yeux s'il n'a rien que sa natte et sa *tanoa* comme chacun de nous. Les hommes et les femmes du monde blanc se plaindraient de souffrances dans nos huttes, ils se dépêcheraient d'aller chercher du bois dans la forêt, d'apporter la carapace de la tortue, du verre, du fil de fer, des pierres colorées et beaucoup plus que cela encore, et ils remueraient leurs mains du matin à la nuit jusqu'à ce que leur hutte de Samoa soit remplie de petits et grands objets. Des objets qui se détériorent tous facilement, que tout feu ou toute forte pluie des tropiques peut détruire, et qu'ils doivent toujours renouveler.

Plus quelqu'un est profondément européen, plus il a besoin d'objets. Et les mains du Papalagui ne s'arrêtent jamais de fabriquer des choses. Cela explique pourquoi les visages des Blancs sont souvent si fatigués et si tristes, et pourquoi aussi de rares personnes seulement parmi eux viennent voir les choses du Grand-Esprit ou jouer sur la place du village. Rares sont ceux qui composent et chantent des chants joyeux, ou dansent dans la lumière les jours de soleil et jouissent de leurs membres de multiples façons, comme cela nous est donné [1]. Ils doivent fabriquer des objets. Ils doivent veiller à leurs objets. Les objets s'accrochent à eux et rampent sur eux comme les petites fourmis des sables. Ils commettent tous les crimes le cœur froid pour parvenir à avoir des objets. Ils se font la guerre les uns aux autres, non à cause de l'honneur ou pour mesurer leur force véritable, mais seulement à cause des objets.

1. Voir remarque en fin de chapitre.

Cependant, ils savent tous la grande pauvreté de leur vie, sinon il n'y aurait pas tant de Papalaguis célèbres parce qu'ils ne font pas autre chose de leur vie, que plonger des poils dans des jus colorés pour créer de belles images sur des nattes blanches. Ils y recopient toutes les belles choses de Dieu aussi ravissantes et colorées qu'ils en sont capables. Et aussi ils forment, à partir de la terre molle, des hommes sans pagne et des jeunes filles, dans les beaux mouvements libres de la *taopoou* de *Mataoutou* [1], ou des corps d'hommes qui brandissent des massues, bandent l'arc ou épient dans la forêt le pigeon sauvage. Des hommes en terre, auxquels le Papalagui construit des huttes de fête particulièrement grandes et que les gens viennent voir de loin pour se délecter de leur beauté et de leur perfection. Ils se tiennent devant, enveloppés dans tous leurs pagnes épais, et ils sont très impressionnés. J'ai vu le Papalagui pleurer d'émotion devant une telle beauté qu'il a lui-même perdue.

Maintenant, les hommes blancs voudraient nous apporter leurs trésors pour que nous devenions riches aussi, riches de leurs choses. Mais ces choses ne sont rien que des flèches empoisonnées, et celui dont elles frappent la poitrine meurt. *« Nous devons les amener à avoir des besoins »,* j'ai entendu dire cela par un homme qui connaît bien notre pays. *Les besoins*, ce sont les objets. *« Ensuite, ils consentiront à travailler ! »*, a poursuivi l'homme intelligent. Et il pensait que nous devions aussi donner les forces de nos mains pour

1. Village de l'île d'Upolu.

fabriquer des objets, des objets pour nous, mais finalement pour le Papalagui, qu'il faudrait que l'on devienne, nous aussi, fatigués, gris et voûtés.

Frères des nombreuses îles, soyons attentifs et gardons les sens éveillés car les paroles du Papalagui ont l'air douces comme des bananes, mais elles sont pleines de lances cachées qui voudraient tuer en nous toute lumière et toute joie. N'oublions jamais que nous n'avons besoin que de peu de choses en dehors des choses du Grand-Esprit. Il nous a donné les yeux pour voir ses œuvres, et il faut plus qu'une vie d'homme pour les voir toutes. Et il n'est jamais sorti un plus grand mensonge de la bouche de l'homme blanc que celui-là : que les choses du Grand-Esprit étaient inutiles et que ses propres objets avaient beaucoup plus d'utilité et d'intérêt. Leurs objets qui sont si nombreux, qui brillent, étincellent, clignent de l'œil et caressent le désir de multiples façons n'ont pas encore rendu le corps d'un Papalagui plus beau, ses yeux plus lumineux ni ses sens plus intenses. Alors ses choses ne servent à rien, et ce qu'il dit et veut nous imposer vient d'un mauvais esprit et sa pensée est trempée dans le poison.

Remarque d'Erich Scheurmann :

Les communautés des villages de Samoa se réunissent très souvent pour jouer ensemble ou danser avec plaisir. Dès l'enfance, la danse est une occupation habituelle. Dans chaque village il y a des poètes et chaque village a ses chansons. Le soir, dans chaque hutte, un air se fait entendre. Il résonne agréablement à l'oreille grâce à la langue riche en voyelles, et aussi grâce au ressenti exceptionnellement fin des sonorités qu'ont les insulaires.

LE PAPALAGUI N'A PAS LE TEMPS

Le Papalagui aime le métal rond et le papier lourd, il aime ingurgiter beaucoup de liquides provenant de fruits qui sont tués, et aussi de la viande de cochon ou de bœuf, et d'autres animaux épouvantables, mais il aime avant tout ce qui ne se laisse pas saisir et qui pourtant est là : le temps. Il fait beaucoup d'histoires à cause du temps et dit une quantité de bêtises à son sujet. Bien qu'il n'y ait jamais plus à notre disposition que ce qui vient à nous du lever au coucher du soleil, cela ne lui suffit pas. Le Papalagui est toujours insatisfait et il accuse le Grand-Esprit de ne pas lui avoir fait don de plus de temps. Il insulte la grande sagesse divine en divisant et subdivisant chaque jour nouveau d'après un plan bien précis. Il le découpe comme on découpe en quatre une tendre noix de coco avec une machette. Chaque part a son nom : seconde, minute, heure. La seconde est plus petite que la minute, celle-ci plus petite que l'heure, toutes ensembles font les heures, et il faut avoir soixante minutes et encore bien plus de secondes avant d'en avoir pour une heure.

C'est une chose embrouillée que je n'ai jamais complètement comprise, parce que cela m'ennuie de réfléchir plus longtemps que nécessaire à des choses aussi puériles. Mais c'est une connaissance très importante pour le Papalagui. Les hommes, les femmes et même les enfants qui tiennent à peine sur les jambes, portent dans le pagne une petite machine plate et ronde sur laquelle ils peuvent lire le temps. Soit elle est attachée à une grosse chaîne métallique et pend autour du cou, soit elle est serrée autour du poignet avec une bande de cuir. Cette lecture du temps n'est pas facile. On y exerce les enfants en leur tenant la machine près de l'oreille pour leur faire plaisir.

Ces machines, que l'on porte facilement sur le plat de deux doigts, ressemblent dans leur ventre aux machines qui sont dans le ventre des bateaux, que vous connaissez tous. Mais il y a aussi de grandes et lourdes machines à temps à l'intérieur des huttes, ou sur les plus hautes façades pour qu'on puisse les voir de loin. Et quand une tranche de temps est passée, de petits doigts le montrent sur la face externe de la machine et en même temps elle se met à crier, un esprit cogne contre le fer dans son cœur. Oui, un puissant grondement s'élève dans une ville européenne quand une tranche de temps s'est écoulée.

Quand ce bruit du temps retentit, le Papalagui se plaint : « *Oh ! là ! là ! encore une heure de passée !* » Et il fait le plus souvent une triste figure, comme un homme portant un lourd chagrin, alors qu'aussitôt une heure toute fraîche s'approche. Je n'ai jamais compris cela, si ce n'est en supposant qu'il s'agit d'une grave maladie. Le Papalagui se plaint de cette façon : *« Le temps me manque ! ... Le temps galope comme un cheval ! ... Laisse-moi encore un peu de temps ! ... »*

Comme je le disais, cela doit être une sorte de maladie. Supposons que le Blanc ait envie de faire quelque chose que son cœur désire ; il voudrait peut-être aller au soleil ou faire de la pirogue sur le fleuve ou aimer sa femme, eh bien, presque toujours il laisse son envie se gâter en s'arrêtant à cette pensée : je n'ai pas le temps d'être heureux. Le temps voulu a beau être là, il ne le voit même pas avec la meilleure volonté du monde, et il invoque mille choses qui lui prennent son temps. Grincheux et râleur, il reste cloué à son travail pour lequel il n'éprouve ni joie ni plaisir, et auquel personne d'autre ne le contraint que lui-même. Mais s'il voit soudain qu'il a le temps, qu'il est bien là, ou si un autre le lui donne (les Papalaguis se donnent souvent du temps l'un à l'autre, rien n'est même aussi apprécié que ce don), alors le désir lui manque à nouveau, ou il est fatigué de son travail sans joie. Et régulièrement il remet à demain ce qu'il a le temps de faire aujourd'hui.

Il y a des Papalaguis qui affirment qu'ils n'ont jamais le temps. Ils courent dans tous les sens, comme sans tête et possédés de l'*Aïtou*, et là où ils vont, ils provoquent malheurs et frayeurs parce qu'ils ont perdu leur temps. Cette folie est un état épouvantable, une maladie qu'aucun homme-médecine ne peut guérir, elle atteint beaucoup d'hommes et les pousse à la misère.

Comme la peur concernant son propre temps obsède le Papalagui, chaque homme, chaque femme et chaque petit enfant sait précisément combien de fois la lune et le soleil se sont levés depuis qu'il a lui-même aperçu la grande lumière pour la première fois. Cela joue même un rôle si sérieux qu'à certains intervalles de temps égaux, on le fête avec des fleurs et de grands festins. J'ai souvent soupçonné que l'on croyait devoir avoir honte pour moi, quand on me demandait quel âge j'avais, et que je riais en disant que je ne le savais pas. « *Tu dois pourtant savoir quel âge tu as !* », me disait-on. Je me taisais et pensais : *C'est mieux de ne pas le savoir.*

Avoir un âge signifie avoir vécu un certain nombre de lunes. Ce calcul est plein de dangers, car avec cela on peut savoir combien de lunes dure la vie de la plupart des gens. Alors chacun fait exactement attention et quand de nombreuses lunes sont passées, il dit : « *Maintenant, il faut que je meure bientôt.* » Peu après, il n'a plus de joie, et meurt effectivement bientôt.

En Europe, il n'y a que peu de gens qui ont véritablement le temps. Peut-être pas du tout. C'est pourquoi ils courent presque tous, traversant la vie comme une flèche. Presque tous regardent le sol en marchant et balancent haut les bras pour avancer le plus vite possible. Quand on les arrête, ils s'écrient, de mauvaise humeur : « *Pourquoi faut-il que tu me déranges ? Je n'ai pas le temps, et toi, regarde comme tu perds le tien !* » Ils se comportent comme si celui qui va vite était plus digne et plus brave que celui qui va lentement.

J'ai vu un homme perdre la tête, rouler les yeux comme des billes, et la bouche bloquée comme celle d'un poisson mourant, passer du rouge au vert, taper des pieds et des mains, parce que son serviteur arrivait un soupir plus tard que ce qu'il avait prévu. Ce soupir lui causait une grande perte qui n'était aucunement réparable. Le serviteur dut quitter la hutte, le Papalagui le chassa en lui criant aux oreilles : *« Tu as assez volé mon temps ! Un homme qui ne sait pas estimer le temps est indigne du temps lui-même ! »*

Une fois, j'ai rencontré un homme qui disposait de beaucoup de temps et ne se plaignait jamais de lui, mais il était pauvre, sale et rejeté. Les gens faisaient un grand détour pour l'éviter et personne ne le respectait. Je ne comprenais pas cette façon de faire, parce que l'allure de cet homme n'était pas pressée, et ses yeux avaient un sourire aimable et calme. Quand je l'interrogeai, son visage se déforma et il me dit tristement : *« Je n'ai jamais su utiliser mon temps, c'est pour cela que je suis un pauvre type méprisé. »* Cet homme avait le temps, cependant il n'était pas heureux non plus.

Le Papalagui oriente toute son énergie et toutes ses pensées vers cette question : comment rendre le temps le plus dense possible ? Il utilise l'eau, le feu, l'orage et les éclairs du ciel pour retenir le temps. Il met des roues de fer sous ses pieds et donne des ailes à ses paroles, pour avoir plus de temps. Et dans quel but tous ces grands efforts ?

Que fait le Papalagui avec son temps ? Je n'ai jamais découvert la vérité, bien qu'il parle sans cesse et gesticule comme si le Grand-Esprit l'avait invité à un *fono*. Je crois que le temps lui échappe comme un serpent dans une main mouillée, justement parce qu'il le retient trop. Il ne le laisse pas venir à lui. Il le poursuit toujours, les mains tendues, sans lui accorder jamais la détente nécessaire pour s'étendre au soleil. Le temps doit toujours être très près, en train de parler ou de lui chanter un air. Mais le temps est calme et paisible, il aime le repos et il aime s'étendre de tout son long sur la natte. Le Papalagui n'a pas reconnu le temps, il ne le comprend pas et c'est pour cela qu'il le maltraite avec ses coutumes de barbare.

Mes chers frères, nous ne nous sommes jamais plaints du temps, nous l'avons aimé comme il venait, nous n'avons jamais couru après lui, nous n'avons jamais voulu le trancher ni l'épaissir. Jamais il ne devint pour nous une charge ni une contrainte.

Que s'avance celui d'entre nous qui n'a pas le temps ! Chacun de nous a le temps en abondance, et en est content ; nous n'avons pas besoin de plus de temps que nous en avons, et nous en avons assez. Nous savons que nous parvenons toujours assez tôt à notre destination, et que le Grand-Esprit nous appelle quand il veut, même si nous ne connaissons pas le nombre de nos lunes.

Nous devons libérer de sa folie ce pauvre Papalagui perdu, nous devons l'aider à retrouver son temps. Il faut mettre en pièces pour lui sa petite machine à temps ronde, et lui annoncer que du lever au coucher du soleil, il y a plus de temps que l'homme en aura jamais besoin.

LE PAPALAGUI A APPAUVRI DIEU

Le Papalagui a une façon de penser particulière et très embrouillée. Il se demande toujours comment une chose va lui être utile et lui donner des droits. Il ne pense que pour un seul et non pour tous les êtres humains. Et ce seul être est lui-même. Quand un homme dit : *« Ma tête est la mienne et elle n'appartient à personne d'autre qu'à moi »,* c'est cela, c'est vraiment cela, et personne ne peut avoir un avis contraire. Personne n'a davantage de droits sur sa propre main que celui qui a cette main. Jusque-là je donne raison au Papalagui. Mais il dit aussi : *« Le palmier est à moi »,* parce qu'il se dresse juste devant sa hutte, tout à fait comme s'il l'avait fait pousser lui-même. Mais le palmier n'est pas du tout le sien. Pas du tout. Le palmier est la main de Dieu, la main qu'il nous tend à travers la terre. Dieu a beaucoup de mains. Chaque arbre, chaque fleur, chaque brin d'herbe, la mer, le ciel et les nuages qui s'y promènent, toutes ces choses sont les mains de Dieu. Nous pouvons y prendre ce qu'elles nous donnent et nous en réjouir, mais il ne nous est pas permis de dire : *« La main de*

Dieu est ma main. » C'est pourtant bien ce que fait le Papalagui.

Laou veut dire dans notre langue à la fois *mien* et *tien*, c'est quasiment une seule et même chose. Mais dans la langue du Papalagui il n'existe guère de mots qui soient plus éloignés que ce *mien* et ce *tien*. *Mien* désigne ce qui n'appartient qu'à moi et seulement moi. *Tien* désigne ce qui n'appartient qu'à toi et seulement toi. C'est pour cela que le Papalagui dit à propos de tout ce qui se trouve dans la zone de sa hutte : « *C'est à moi.* » Personne n'a aucun droit sur ces choses-là à part lui.

Où que tu ailles chez le Papalagui et quoi que tu voies, que cela soit un fruit, un arbre, une eau, une forêt ou un petit tas de terre, toujours, partout il y a quelqu'un à côté qui dit : « *C'est à moi ! Fais attention de ne pas prendre ce qui est à moi !* » Si toutefois tu prends quelque chose, aussitôt il crie et t'appelle « *voleur* », mot qui jette une grande honte sur toi, et cela seulement parce que tu t'es permis de toucher un *mien* de ton prochain. Ses amis et les serviteurs des plus grands chefs arrivent et te lient avec des chaînes, t'amènent au *falé poui poui*, et tu es exclu le reste de ta vie.

Ce qui appartient ou n'appartient pas à quelqu'un est exactement précisé par des lois spéciales, pour que personne ne prenne les choses qu'un autre a déclarées comme étant les siennes. Il y a en Europe des hommes qui ne font que veiller à ce que personne ne passe par-dessus ces lois, et à ce que rien ne soit pris au Papalagui de ce qu'il a pris lui-même. En faisant ainsi, il veut se donner l'impression d'avoir vraiment obtenu un droit, comme si Dieu lui avait cédé son domaine pour tous les temps. Comme si le palmier, l'arbre, la fleur, la mer, le ciel et les nuages qui s'y promènent n'appartenaient vraiment qu'à lui.

Le Papalagui est obligé de faire de telles lois et d'avoir des gardiens de ses nombreux *miens*, pour que ceux qui ont peu ou pas du tout de *mien* ne lui prennent rien de son *mien*. En effet, alors que beaucoup d'hommes amassent en abondance, beaucoup d'autres n'ont rien dans les mains. Tout le monde ne connaît pas les détours et les secrets pour parvenir à beaucoup de *miens*, et il faut pour cela une forme particulière de vaillance, qui ne s'accorde pas toujours avec ce que l'on appelle l'honneur. Et il se peut bien que ceux qui ont peu dans les mains, parce qu'ils ne froissent pas Dieu et ne peuvent rien lui prendre, soient les meilleurs de tous les Papalaguis. Cependant, il n'y en a vraiment pas beaucoup.

La plupart volent Dieu sans honte. Ils ne connaissent rien d'autre. Ils ne savent nullement qu'ils font quelque chose de mal, parce que tous agissent de cette façon sans y réfléchir, et personne n'en ressent de honte. Certains Papalaguis reçoivent aussi beaucoup de *miens* des mains de leur père le jour de leur naissance... En tout cas, Dieu n'a presque plus rien, les hommes lui ont presque tout pris et en ont fait leur *mien* et leur *tien*. Il ne peut plus donner d'une façon égale à chacun son soleil destiné à tous, parce que certains y prétendent plus que les autres. Sur les grandes et belles places ensoleillées ne s'assoient souvent que peu de monde, pendant que dans l'ombre beaucoup de gens ne saisissent que de fins rayons. Dieu ne peut plus avoir de vraie joie parce qu'il n'est plus le grand *Alii-sili*[1] dans sa grande maison. Le Papalagui le renie en disant : « *Tout est mien.* » Cependant il ne pense pas très loin, quand bien même il pense beaucoup, et il déclare sa façon d'agir honorable et juste quand au contraire elle est malhonnête et injuste devant Dieu.

S'il pensait correctement, alors il saurait que rien ne nous appartient, puisque dans le fond nous ne pouvons rien retenir. Ensuite, il verrait aussi que Dieu a offert sa grande maison pour que chacun y trouve sa place et son bonheur, qu'elle est bien assez grande, qu'il y a pour chacun une petite place au soleil et une petite joie. Et pour chaque homme il y a bien là un petit palmier avec certainement un endroit où poser ses pieds, comme Dieu le veut et l'a prévu. Comment Dieu pourrait-il oublier un seul de ses enfants ? Et pourtant, tant d'hommes cherchent le lieu que Dieu a conçu pour eux !

Puisque le Papalagui n'écoute pas les commandements divins et fait ses propres lois, Dieu lui envoie beaucoup d'adversaires de ses *miens*. Il lui envoie l'humidité et la grosse chaleur, l'usure, l'émiettement et la décomposition. Il donne aussi au feu et à la tempête le pouvoir sur ses trésors. Mais avant tout, il met dans l'âme du Papalagui la crainte, la peur concernant ce qu'il s'est approprié. Son sommeil n'est jamais tout à fait profond, car il doit rester attentif pour que ce qu'il a amassé pendant le jour ne lui soit pas enlevé pendant la

1. Seigneur.

nuit. Il doit toujours poser ses mains et tous ses sens à tous les bouts de ses *miens*. Chaque *mien* le tracasse continuellement et lui résiste en disant : « *Je te tourmente et te fais beaucoup de mal, parce que tu m'as retiré de Dieu.* »

Mais Dieu a donné au Papalagui une peine beaucoup plus grave que la peur. Il lui a donné la lutte entre ceux qui n'ont qu'un peu ou pas du tout de *mien*, et ceux qui se prennent un grand *mien*. Cette lutte est brûlante et difficile, et dure jour et nuit. Elle fait souffrir tout le monde, elle ronge chez tous la joie divine. Ceux qui ont doivent donner mais ne veulent rien donner. Ceux qui n'ont pas désirent également avoir, mais n'obtiennent rien. Ce ne sont pas non plus des défenseurs de Dieu. Ils sont seulement arrivés après et trop tard pour le voler, ou ils ont été trop maladroits, ou l'occasion leur a manqué. Très peu pensent que c'est Dieu qui est volé. Et ce n'est que très rarement que l'on entend l'appel d'un homme vrai, à tout remettre de nouveau dans les mains de Dieu.

Que pensez-vous, mes frères, d'un homme qui a une hutte assez grande pour tout un village de Samoa et n'offre pas au voyageur son toit pour une nuit ? Que pensez-vous d'un homme qui tient un régime de bananes dans les mains et ne donne pas un seul fruit à l'affamé qui lui en demande ?... Je vois la colère dans vos yeux et le grand mépris sur vos lèvres. Eh bien, voilà, c'est la façon d'agir continuelle du Papalagui. Et même quand il a cent nattes, il n'en donne pas une à celui qui n'en a pas. Il tient en plus l'autre comme responsable et lui reproche de ne rien avoir ! Il peut avoir sa hutte remplie de nourriture jusque sous la plus haute pointe du toit, il ne cherchera pas à aller vers ceux qui n'ont rien à manger, qui sont pâles et affamés. Et il y a beaucoup de Papalaguis pâles et affamés.

Le palmier se détache de ses feuilles et de ses fruits quand ils sont mûrs. Le Papalagui vit comme un palmier qui voudrait retenir ses feuilles et ses fruits, en disant : « *Ce sont les miens ! Vous ne pouvez pas en avoir, ni en manger !* » Comment le palmier pourrait-il porter de nouveaux fruits ?... Le palmier a beaucoup plus de sagesse que le Papalagui.

Parmi nous aussi il y en a beaucoup qui ont plus que les autres, et nous honorons notre chef qui a beaucoup de nattes et de cochons. Mais ce respect ne s'adresse qu'à lui seul et non à ses nattes et cochons. Car nous lui donnons ceux-ci en guise d'*alofa* pour dire notre joie et honorer son grand courage et sa sagesse. Mais le Papalagui admire chez son frère les nombreuses nattes et les cochons, il ne se soucie pas du courage et de la sagesse.

Un frère sans rien n'a droit qu'à une infime reconnaissance ou pas la moindre. Les nattes et les cochons ne se rendent pas d'eux-mêmes chez les pauvres et les affamés, pourtant le Papalagui ne voit aucune raison de les apporter à ses frères. Car il n'a pas de considération pour eux, il n'en a que pour les nattes et les cochons, c'est pourquoi il les garde pour lui. S'il aimait et respectait ses frères, s'il n'était pas en conflit avec eux à cause du *mien* et du *tien*, il leur apporterait les nattes pour qu'ils aient leur part de son grand *mien*. Il partagerait sa propre natte avec eux, au lieu de les laisser dehors, plongés dans la nuit noire.

Mais le Papalagui ne sait pas que Dieu nous a vraiment donné le palmier, la banane, le précieux taro, tous les oiseaux de la forêt et tous les poissons de la mer, et que c'est un devoir de tous nous en réjouir et d'en être heureux ; pas seulement quelques-uns parmi nous, tandis que les autres sont réduits à la privation et au manque. Si Dieu a beaucoup déposé dans la main du Papalagui, il faut qu'il en redonne à son frère pour que le fruit ne pourrisse pas dans sa main. Car Dieu tend ses innombrables mains à tous les êtres humains ; il ne veut pas que l'un ait plus que l'autre, ou que l'un dise : « *Je vis au soleil, tu vis à l'ombre.* » Nous avons tous notre place au soleil. Lorsque Dieu garde tout dans sa main impartiale, il n'y a ni luttes, ni misères. Maintenant, le fourbe Papalagui voudrait nous persuader que Dieu n'a rien : « *Ce que tu peux tenir avec tes mains t'appartient !* » Fermons nos oreilles à ces paroles débiles et restons attachés à la sage connaissance. Tout est à Dieu.

Remarque d'Erich Scheurmann :

Il faut comprendre les mots méprisants de Touiavii sur notre conception de la propriété : les aborigènes de Samoa vivent en parfaite communauté de biens. Il n'y a effectivement pas de notion de « mien » et de « tien » pour eux. Lors de chacun de mes voyages l'aborigène a constamment tout partagé avec moi, son toit, sa natte, son repas, avec évidence et simplicité. Et souvent le premier salut du chef était : « Ce qui est à moi est aussi à toi. » La notion de vol à son prochain est étrangère à l'insulaire. Tout appartient à tous. Tout appartient à Dieu.

LE PAPALAGUI EST UN MAGICIEN

Le Papalagui fait des quantités de choses, que nous ne pouvons pas faire, que nous ne comprendrons jamais, qui ne sont que de lourdes pierres pour nos têtes. Nous avons peu de goût pour ces choses-là, qui illusionnent les plus faibles d'entre nous et les rabaissent injustement. Alors observons sans crainte les sciences prodigieuses du Papalagui.

Le Papalagui a le pouvoir de faire de tout sa massue et sa lance. Il prend l'éclair sauvage, le feu brûlant, l'eau rapide et les rend dociles à sa volonté. Il les enferme et leur donne des ordres, ils obéissent et sont ses plus forts guerriers. Il connaît le grand secret pour rendre l'éclair sauvage encore plus lumineux et plus soudain, l'eau vive encore plus rapide, le feu brûlant encore plus brûlant. Le Papalagui semble vraiment être celui qui a traversé le ciel, le messager de Dieu, car il domine à sa guise le ciel et la terre. Il est à la fois poisson, oiseau, cheval et ver de terre. Il s'enfonce dans la terre, et à travers la terre passe sous les fleuves les plus larges. Il se faufile par monts et rochers. Il s'attache des roues de fer sous les pieds et file plus vite que le cheval le plus fougueux. Il s'élève dans les airs et vole : je l'ai vu glisser dans le ciel comme le goéland. Il a une grande pirogue pour aller sur l'eau et une pirogue pour aller sous la mer. Et il va en pirogue de nuage en nuage...

Mes chers frères, mes mots témoignent de la vérité, il faut croire votre serviteur, même si vos sens mettent en doute ce que je dis. En effet les choses du Papalagui sont grandes et merveilleuses, et je crains que beaucoup d'entre nous s'affaiblissent devant une telle force. Si je voulais vous raconter tout ce que mes yeux étonnés ont vu, par quoi commencerais-je ?

Vous connaissez tous la grande pirogue que le Blanc appelle le bateau à vapeur ? Ne ressemble-t-il pas à un grand et puissant poisson ? Comment est-ce possible qu'il avance plus vite d'île en île qu'une pirogue menée par les plus forts de nos jeunes rameurs ? Avez-vous vu la grande nageoire à l'arrière quand il part ? Elle bat et bouge exactement comme chez les poissons de la lagune. Cette grande nageoire pousse en avant la grande pirogue. Que cela soit possible, c'est le grand secret du Papalagui. Et ce secret repose dans le corps du grand poisson. La machine, qui donne sa force à la grande nageoire, est là. Oui, c'est la machine, qui renferme en elle la grande force. Vous dire ce qu'est une machine ? Ma tête n'y arrive pas. Je sais seulement ça : elle se nourrit de pierres noires qui lui donnent cette puissance qu'un être humain est incapable d'avoir.

La machine est la plus puissante massue du Papalagui. Donne-lui l'*ifi* [1] le plus grand de la forêt vierge, et la main de la machine abat le tronc, comme une mère brise le fruit du taro à ses enfants. La machine est le grand magicien de l'Europe. Sa main puissante n'est jamais fatiguée. Si elle veut, elle taille cent ou mille *tanoa* en un jour. Je l'ai vue tisser des pagnes aussi finement, aussi élégamment que tissent les mains gracieuses d'une jeune fille. Elle tressait de l'aube à la nuit, et crachait des pagnes jusqu'à former une montagne. Notre force est pitoyable et misérable à côté de l'énorme force de la machine.

Le Papalagui est un magicien. Chante une chanson, il l'attrape et te la redonne toutes les heures, autant que tu veux l'entendre. Il tourne vers toi une plaque de verre et saisit dessus ton reflet. Et mille fois il en retire ton image, autant que tu as envie de l'avoir... J'ai encore vu de plus grands prodiges que ceux-là...

Comme je vous le disais, le Papalagui attrape les éclairs du ciel. Véritablement. Il les capte, la machine doit les engloutir, les ronger, et la nuit elle les renvoie sous la forme de mille petites étoiles, de vers luisants et de petites lunes. Il serait facile au Papalagui d'inonder nos îles de lumière afin qu'elles soient claires et lumineuses la nuit comme le jour. Souvent il envoie les éclairs dehors à son service, il commande leur direction et leur

1. Arbre des Samoa à la fibre magnifique, très prisé pour la fabrication des *tanoa* (*ifilélé*).

donne des messages pour ses frères éloignés. Et les éclairs obéissent et emportent les messages.

Le Papalagui a renforcé tous ses membres. Ses mains s'étendent au-delà des mers et jusqu'aux étoiles, et ses pieds dépassent les vagues et le vent. Son oreille peut entendre tous les chuchotements de Savaii, et sa voix a les ailes d'un oiseau. Ses yeux voient jusque dans la nuit. Il voit à travers toi comme si ta chair était aussi claire que l'eau et il voit chaque dépôt au fond de cette eau.

Tout cela dont j'ai été le témoin et que je vous révèle, n'est qu'une petite partie de ce que mes yeux ont pu admirer. Croyez-moi, le Blanc a la grande ambition d'accomplir toujours de nouveaux et plus grands miracles, et des milliers d'hommes blancs se demandent avec zèle pendant les nuits comment ils pourraient arracher une victoire à Dieu. Car c'est cela : le Papalagui ambitionne de devenir Dieu. Il voudrait vaincre le Grand-Esprit et s'accaparer ses forces. Mais Dieu est encore plus grand et plus puissant que le plus grand Papalagui et ses machines, et encore et toujours Il décide qui de nous doit mourir, et quand. Encore et toujours, le soleil, l'eau et le feu Le servent en premier. Et jamais encore aucun Blanc n'a décidé du lever de la lune ou de la direction des vents.

Tant qu'il en est ainsi, les merveilles du Papalagui n'ont pas grande importance. C'est un faible, celui qui succombe et adore le Blanc à cause de ses œuvres, se trouvant lui-même démuni et sans mérite, parce que ni ses mains ni sa tête ne sont capables de choses semblables. Toutes les merveilles et réalisations du Papalagui peuvent nous remplir d'étonnement ; toutefois, à la lumière du soleil la plus claire, elles ne valent guère plus que le tressage d'une natte ou la taille d'une massue. Toute occupation ressemble seulement au jeu d'un enfant dans le sable... Rien de ce que le Blanc fait n'égale même de loin les merveilles du Grand-Esprit.

Les grands *alii* ont des huttes géantes, décorées, magnifiques, nommées palais, et les hautes huttes érigées à la gloire de Dieu sont encore plus belles, et souvent plus hautes que le sommet du mont *Tofoua*[1]. Cependant tout cela est grossier et n'a pas la chaleur de la vie, à côté de chaque buisson d'hibiscus aux fleurs flamboyantes, à côté de chaque cime de palmier ou de la forêt de coraux ivre de couleurs et de formes.

Le Papalagui n'a jamais encore tissé un pagne aussi fin que celui que Dieu tisse dans chaque toile d'araignée, il n'a jamais fait une machine aussi fine et ingénieuse que la petite fourmi des sables, qui vit dans notre hutte. Je vous ai dit que le Blanc volait jusqu'aux nuages comme un oiseau. Mais le grand goéland vole plus haut et plus vite que l'homme et par toutes les tempêtes, et ses ailes sortent de son corps, alors que les ailes du Papalagui sont une imitation et peuvent tomber et se briser facilement.

Toutes les merveilles du Papalagui ont une imperfection cachée, elles ont toujours besoin de leur gardien et de leur conducteur. Et chacune renferme une malédiction secrète. Car si les puissan-

1. Haute montagne d'Upolu.

tes mains des machines fabriquent tout, elles dévorent aussi l'amour par leur travail, cet amour que contient chaque objet que nos propres mains ont fait. Quelle valeur aurait pour moi une massue ou une pirogue taillée par une machine ? Ce ne serait qu'une création pâle et froide qui ne dit rien du travail fourni, ne sourit pas quand elle est terminée et ne peut être montrée à son père et à sa mère pour les réjouir.

Comment est-ce que je pourrais aimer ma *tanoa* comme je l'aime, si une machine pouvait la refaire toutes les heures sans ma participation ? C'est un grand malheur que le Papalagui n'ait plus d'amour à cause de la machine qui peut tout lui refaire tout de suite. Il faut qu'il la nourrisse de son propre cœur, pour obtenir ses merveilles vides d'amour. Le Grand-Esprit veut ordonner lui-même les énergies du ciel et de la terre et les répartir selon ses jugements. Ceci n'appartient pas du tout aux hommes. Le Blanc n'essaie pas impunément de se transformer en poisson, oiseau, cheval ou ver de terre. Les avantages sont moindres qu'il ne veut se l'avouer.

Quand je traverse un village à cheval, j'avance sans doute rapidement, mais quand je suis à pied, je vois plus de choses et les amis m'invitent dans leur hutte. Atteindre vite son but a rarement un vrai intérêt. Le Papalagui veut toujours aller vite. La plupart de ses machines ne servent qu'à aller vite. Est-il quelque part, qu'un ailleurs l'appelle. Ainsi court le Papalagui sans arrêt tout au long de sa vie, oubliant de plus en plus la promenade, la marche et le joyeux mouvement vers la destination qui vient à nous, sans qu'on l'ait cherchée.

Donc je vous le dis, la machine est un beau jouet des grands enfants blancs, et tous ses artifices ne doivent pas nous effrayer. Le Papalagui n'a pas encore construit de machine qui le préserve de la mort. Il n'a encore rien créé qui soit plus grand que ce que Dieu crée à chaque instant. Toutes les machines et autres artifices et enchantements n'ont encore rallongé la vie d'aucun homme et ne l'ont pas non plus rendu plus heureux. Alors tenons-nous-en aux sublimes machines et au grand art divins et méprisons le Blanc quand il joue à Dieu.

LA PROFESSION DU PAPALAGUI

Chaque Papalagui a une profession. Il est difficile de dire de quoi il s'agit. C'est quelque chose
qui devrait être fait avec plaisir, mais que la plupart
du temps le Papalagui n'a pas l'envie de faire.
Avoir une profession, c'est faire toujours une seule
et même chose, la faire si souvent qu'on peut la
faire les yeux fermés et sans effort. Si, avec mes
mains, je ne fais rien d'autre que construire des
huttes ou tresser des nattes, tresseur de nattes ou
bâtisseur de huttes, voilà ma profession.

Il y a des professions d'homme ou de femme.
Laver le linge dans la lagune et faire reluire les
peaux de pieds sont des professions féminines,
conduire une pirogue en mer ou viser les ramiers
dans les bois sont des professions masculines. Dès
qu'elle se marie, la femme abandonne souvent son
métier [1], tandis que l'homme commence seulement
à l'exercer sérieusement. Les *alii* ne donnent leur
fille qu'à l'amoureux qui a une profession confir-
mée. Un Papalagui sans métier ne peut pas se

1. Touiavii a visité l'Europe au début du XXᵉ siècle.

marier. Chacun est obligé d'avoir un métier. Et chaque Papalagui doit décider, bien avant la période où le garçon se fait tatouer, quel travail il fera toute sa vie : il choisit une profession. C'est une question très importante, et l'*aïga* parle autant de cela que de ce qu'elle mangera le lendemain. S'il choisit le métier de tresseur de nattes, le vieil *alii* conduit le jeune *alii* chez un homme qui ne fait que tresser des nattes. Celui-ci doit lui montrer comment il fait, il doit lui apprendre à tresser la natte sans regarder. Cela prend souvent du temps ; mais dès qu'il y arrive, il peut quitter son maître et on dit alors qu'il a une profession.

Si le Papalagui s'aperçoit plus tard qu'il préfèrerait construire des huttes que tresser des nattes, on dit : « *Il s'est trompé de profession !* » Cela veut dire un peu comme : *Il a visé à côté.* C'est dommage et c'est triste, parce que changer simplement de profession n'est pas dans les coutumes. C'est déshonorant pour un bon Papalagui de dire : « *Je ne peux pas faire ça, je n'en ai pas envie* » ou « *Mes mains ne veulent pas m'obéir* ».

Les Papaliguis ont autant de professions qu'il y a de pierres dans la lagune. Chaque acte devient une profession. Quand quelqu'un ramasse les feuilles mortes de l'arbre à pain, il en fait sa profession. Quand quelqu'un lave la vaisselle, il exerce aussi une profession. Tout ce qui peut se faire, avec les mains ou avec la tête, est un métier. Même avoir des idées ou observer les étoiles.

Quand un Blanc dit : « *Je suis* toussi-toussi[1] »,

1. *Toussi :* la lettre. *Toussi-toussi :* l'écrivain public.

voilà son métier, et il ne fait rien d'autre qu'écrire lettres après lettres. Il ne range pas et n'accroche pas sa natte, il ne va pas dans la hutte-cuisine se préparer un fruit, il ne lave pas son bol. Il mange des poissons, mais ne va pas à la pêche ; il mange des fruits, mais ne cueille jamais un fruit dans l'arbre. Il écrit *toussi* après *toussi*, car *toussi-toussi* est son métier.

De la même manière, toutes ces activités sont aussi un métier : ranger les nattes, griller les fruits, nettoyer les bols, attraper des poissons ou cueillir les fruits. Il n'y a que la profession qui puisse donner à chacun le droit d'agir. Ainsi la plupart des Papalaguis peuvent seulement faire ce qui appartient à leur profession. Et le plus grand chef, qui a beaucoup de savoir dans le crâne et beaucoup de pouvoir entre les mains, n'est pas capable de rouler sa natte et de la fixer à une poutre, ni de laver son bol. Et voilà encore que celui qui sait écrire une belle *toussi* n'est pas apte à sortir une pirogue de la lagune, et réciproquement.

Avoir une profession, cela veut dire : ne pouvoir toujours faire qu'une chose. Cette habitude de ne faire qu'une chose cache un grand manque et un grand danger, car n'importe qui peut être un jour dans la situation de devoir conduire une pirogue dans la lagune ! Le Grand-Esprit nous a donné des mains pour que nous puissions cueillir les fruits des arbres et ramasser les tubercules de taros dans les marais. Il nous les a données pour protéger notre corps des agresseurs et pour la joie de la danse, du jeu et de toutes les fêtes ! Il ne nous les a sûrement pas données pour ne faire que bâtir des huttes, que ramasser des fruits ou des racines, mais elles sont là pour être nos servantes et nos défenseurs à chaque moment et dans toutes les occasions.

Pourtant le Papalagui ne comprend pas cela. Son comportement est faux, absolument faux et contre tous les commandements du Grand-Esprit. Nous le reconnaissons à ces Blancs qui ne peuvent plus courir, qui engraissent comme des *pouaa*[1], parce qu'ils sont obligés de toujours rester assis à cause de professions où ils ne soulèvent plus de lances, car leur main ne tient que l'os qui écrit ; ils s'assoient à l'ombre et ne font qu'écrire des *toussi*. Nous le voyons aussi à ces Blancs qui ne peuvent plus maîtriser un cheval sauvage, parce qu'ils regardent les étoiles ou fouillent dans leurs pensées à la recherche d'autres pensées.

Un Papalagui est rarement capable de sauter et gambader comme un enfant quand il atteint l'âge mûr. En marchant, il traîne son corps dans l'air, et se déplace comme s'il était toujours gêné dans ses mouvements. Il masque cette faiblesse, et la nie, en disant que courir, bondir et sauter ne sont pas des gestes décents pour un homme raisonnable. C'est une raison hypocrite, car ses os sont devenus durs et immobiles, et tous ses muscles ont perdu leur joie parce que la profession l'a chassée vers le sommeil et la mort. La profession est aussi un *Aïtou* qui détruit la vie, un *Aïtou* qui fait de belles suggestions aux hommes, puis qui boit le sang de leur corps.

1. Cochons.

La profession fait encore du mal au Papalagui d'une autre manière et l'on peut encore voir *l'Aïtou* dans un autre de ses aspects... C'est une vraie joie de construire une hutte : abattre les arbres dans la forêt, les dégrossir en poutres, puis dresser les poutres, arrondir le toit au-dessus et à la fin, quand les poutres, les poutrelles et tout le reste sont bien liés avec de la fibre de coco, les recouvrir avec le feuillage sec de la canne à sucre. Inutile de vous dire quelle grande joie nous avons, quand un village entier érige la hutte du chef, et que même les femmes et les enfants participent à cette festivité !

Que diriez-vous, si seulement quelques hommes du village avaient le droit d'aller dans la forêt pour abattre les arbres et tailler les poutres ? Et si ceux-ci ne pouvaient aider à hisser les poutres, car leur profession consisterait seulement dans l'abattage et le dégrossissage ? Et si ceux qui mettent les poutres en place n'avaient pas le droit d'entrelacer les chevrons du toit, car leur travail serait seulement de placer les poutres ? Et si ceux qui interposent les chevrons ne pouvaient aider à couvrir du feuillage de la canne à sucre, parce que leur profession serait seulement poseur de chevrons ? Et si malheureusement personne n'avait le droit d'aller chercher des galets ronds sur la plage pour en couvrir le sol, parce que seuls ceux dont c'est le métier pourraient le faire ? Et si ne pouvaient inaugurer et fêter la hutte que ceux qui y habitent, mais pas tous ceux qui l'ont bâtie ?...

Vous riez, et vous diriez sûrement comme moi : « *Si nous n'autorisons qu'un seul à travailler au lieu de tous, et si chacun n'aide pas à tout faire, à quoi servent les forces de l'homme ? Ainsi, notre joie est diminuée de moitié ou elle n'existe pas. »* Et sûrement que vous déclareriez fou celui qui exigerait de ne se servir de ses mains que dans un seul but, tout à fait comme si les autres membres de son corps étaient morts et ses sens paralysés.

De là vient la plus grande des détresses du Papalagui. C'est bien de puiser de l'eau à la rivière une ou plusieurs fois par jour. Mais celui qui doit puiser de l'eau du lever du soleil jusqu'à la nuit, et recommencer chaque jour, à chaque heure, et doit toujours puiser tant que ses forces le peuvent, celui-là finira par lancer le seau de colère et de révolte par-dessus ce qui l'enchaîne. Car rien ne semble à l'homme si pénible que de toujours faire la même chose.

Il y a tout de même des Papalaguis qui ne puisent pas toujours à la même source, ce qui doit être une grande joie pour eux... Cependant il y en a qui ne font que lever ou baisser le bras, ou tirer une barre, et souvent dans un endroit sale, sans lumière et sans soleil, ils ne font rien qui utilise notre pleine force ou donne une quelconque joie. L'action de soulever ou de baisser le bras, ou de pousser une pierre est cependant nécessaire dans la pensée du Papalagui, car grâce à cela, une machine est peut-être actionnée ou réglée, une machine qui coupe des anneaux chaulés, des boucliers de poitrine, des coquilles de culottes [1], ou d'autres choses. Il y a en Europe plus d'êtres humains dont le visage est gris comme la cendre, que de palmiers sur nos îles,

1. Voir le premier chapitre.

parce qu'ils ne connaissent aucun plaisir dans leur travail, que la profession consomme tous les désirs, et qu'aucun de ses fruits ne devient une seule fois une pousse à leur grande joie !

C'est pour cela qu'une haine brûlante habite les travailleurs. Ils ont tous dans leur cœur comme un animal enchaîné qui se cabre mais ne peut s'échapper. Et chacun compare sa profession à celle des autres avec envie et jalousie ; on parle de hautes ou basses professions alors que chaque profession n'est qu'une activité partielle. Car l'homme n'est pas que des mains ou que des pieds ou qu'une tête, il est le tout réuni. Les mains, les pieds et la tête veulent ne faire qu'un. Quand tous les membres et tous les sens agissent ensemble, alors seulement un cœur d'être humain peut rayonner de santé, mais jamais seulement quand une partie de l'homme vit et que les autres se meurent. Ceci conduit l'être à la confusion, au désespoir et à la maladie.

Le Papalagui vit dans le trouble à cause de sa profession, et il ne veut pas le savoir. S'il m'entendait dire tout ça, c'est moi qu'il déclarerait fou, comme quelqu'un qui veut être juge alors qu'il ne peut pas porter de jugement parce qu'il n'a jamais lui-même eu de profession, ni travaillé comme un Européen.

Mais le Papalagui n'a jamais pu nous donner l'éclairage et le discernement nécessaires pour comprendre pourquoi nous devrions travailler plus que ce que Dieu exige. Dieu veut seulement que l'on soit rassasié, que l'on ait un toit au-dessus de la tête et de la joie à la fête du village. Ce travail peut paraître léger et notre existence pauvre en professions. Mais nos frères, habitants authentiques des nombreuses îles, font leur travail dans la joie, jamais dans la souffrance, sinon ils préfèrent ne pas le faire du tout. Voilà ce qui nous distingue des Blancs.

Le Papalagui soupire quand il parle de son travail comme si sa charge l'opprimait. C'est en chantant que les jeunes Samoans arrachent les tubercules de taros. En chantant, les jeunes femmes lavent les pagnes dans l'eau courante du ruisseau ! Le Grand-Esprit ne veut sûrement pas que l'on devienne gris avec des professions, et furtifs comme les serpents et les petits animaux rampants de la lagune. Il veut que l'on reste fiers et droits dans tous nos actes et des êtres aux membres souples et au regard joyeux.

LE LIEU DE LA VIE FACTICE
ET LES MILLE PAPIERS
DU PAPALAGUI

Mes chers frères de la grande Mer, votre humble serviteur aurait vraiment beaucoup à dire pour vous transmettre toute la vérité sur l'Europe. Pour ce faire, mes paroles devraient ressembler à un torrent qui coule du matin au soir, et votre connaissance serait quand même incomplète, car la vie du Papa-lagui est comme la mer dont on ne voit jamais la fin. Elle a autant de vagues que la grande Eau, elle se précipite et déferle, elle sourit et rêve... Comme un homme ne peut pas épuiser la mer avec le creux de sa main, je ne peux pas non plus vous apporter la grande mer de l'Europe avec ma petite tête.

Mais je ne veux plus attendre pour vous raconter ceci, car comme la mer sans eau n'est pas la mer, la vie européenne ne serait pas ce qu'elle est sans le lieu de la vie factice et les mille papiers. Si tu enlèves ces deux choses-là au Papalagui, il ressemble au poisson que le ressac a jeté sur le rivage : il tressaute, mais ne peut plus nager et s'ébattre comme il aime le faire.

Le lieu de la vie factice ! Ce n'est pas facile de vous décrire ce lieu, que le Blanc appelle *cinéma*, de manière à ce que vous croyiez le voir de vos propres yeux. Dans chaque village, partout en Europe, il y a ce lieu mystérieux, que les hommes aiment plus qu'une hutte de missionnaire, auquel leurs pensées se complaisent et dont très tôt les enfants rêvent.

Le cinéma est une hutte plus grande que la plus grande hutte de chef d'Upolu. Elle est sombre, même par le jour le plus clair, si sombre que personne ne peut reconnaître quiconque. On est aveuglé quand on entre et encore plus aveuglé quand on ressort. Les gens se glissent dans cet endroit en frôlant les murs, jusqu'à ce qu'une jeune femme arrive avec un feu d'étincelles, et vous conduise où il reste de la place. Les Papalaguis se tassent l'un à côté de l'autre dans l'obscurité, personne ne se voit, la pièce sombre est remplie d'hommes et de femmes silencieux. Chacun est assis sur une planche étroite, et toutes les planches sont tournées dans la direction du même mur.

Du bas de ce mur, comme d'un profond ravin, retentissent des sons puissants et bourdonnants, et dès que les yeux se sont habitués à l'obscurité, on reconnaît un Papalagui assis, luttant avec un coffre[1]. Les mains écartées, il frappe sur plein de petites langues blanches et noires, que le grand coffre tend vers lui, et les langues poussent des cris, chacune avec une autre voix à chaque toucher, de sorte que cela produit un concert de cris fous comme lors d'une grande dispute de village.

1. Au début du cinéma, un pianiste accompagnait les films muets.

104

Ce tapage doit distraire nos sens et les affaiblir afin que l'on croie ce que l'on voit, que l'on ne doute pas que ce soit réel. Aussitôt une lumière apparaît sur le mur, comme si brillait une puissante clarté lunaire, et dans la clarté apparaissent de vrais êtres humains, habillés comme les Papalaguis, qui vont et viennent, courent, rient comme on le voit partout en Europe.

C'est comme l'image miroitante de la lune dans la lagune, c'est la lune et ce n'est pas elle. De la même façon, tout cela n'est qu'un reflet. Les bouches remuent, on ne doute pas qu'elles parlent, et cependant on n'entend pas un bruit, pas un mot, aussi finement que l'on dresse l'oreille, et cela énerve nos sens de ne rien entendre. Voilà la raison principale pour laquelle le Papalagui tape ainsi sur le coffre : il doit donner l'impression que l'on ne peut pas entendre les gens dans tout ce bruit. C'est pour ça qu'apparaissent de temps à autre sur le mur des écritures qui informent de ce que le Papalagui a dit ou va dire.

De toutes façons, ces hommes-là n'ont que l'apparence d'êtres humains et ne sont pas réels. Si on voulait les toucher, on reconnaîtrait qu'ils ne sont faits que de lumière et ne se laissent pas saisir. Ils sont là seulement pour montrer au Papalagui toutes ses joies et ses peines, ses folies et ses faiblesses. Il voit les plus beaux hommes et les plus belles femmes près de lui. Même s'ils sont muets, il voit leurs mouvements et la lumière de leurs yeux. Ils semblent l'éclairer lui-même de leurs regards et parler avec lui. Il voit les plus grands chefs qu'il ne pourrait jamais rencontrer, sans se déranger et près de lui comme ses frères. Il prend part à de grands banquets, des *fono* et d'autres fêtes, il lui semble participer lui-même à tout, aux repas et aux réjouissances. Mais il voit aussi comment le Papalagui enlève la fille d'une *aïga* ou comment une jeune fille devient infidèle à son compagnon. Il voit comment un homme cruel empoigne un riche *alii* à la gorge, comment ses doigts s'enfoncent profondément dans la chair du cou et que les yeux de l'*alii* sortent de leurs orbites ; il voit qu'il est mort, et que l'homme furieux arrache le métal rond et le papier lourd de son pagne.

Pendant que ses yeux regardent de telles joies et de telles horreurs, le Papalagui doit rester assis bien tranquillement, il ne peut pas réprimander la fille infidèle, il ne peut pas courir au secours du riche *alii* pour le sauver ! Mais cela ne cause aucune douleur au Papalagui, il observe tout cela avec grand plaisir comme s'il n'avait absolument pas de cœur. Il ne ressent ni frayeur, ni dégoût. Il observe tout comme s'il était lui-même un autre être. Car celui qui regarde a toujours la ferme opinion d'être meilleur que les hommes vus dans le halo de lumière, et que lui-même contournerait toutes les folies qui lui sont montrées. Il demeure immobile et sans respirer, ses yeux accrochés au mur, et dès qu'il voit un portrait fort et un noble cœur, il le prend dans son for intérieur en pensant : *C'est mon portrait !*

Assis sans bouger sur son siège de bois, il fixe le mur raide et lisse, sur lequel rien ne vit qu'une lueur trompeuse, qu'un magicien projette par une étroite fente depuis le mur opposé, et dans cette lueur n'est vécue qu'une vie artificielle. Ces images fausses, et sans vie réelle, procurent au Papalagui une grande jouissance. Dans cette pièce sombre il peut, sans honte et sans que les autres voient son regard, s'immerger dans une vie illusoire. Le pauvre peut jouer au riche, le riche au pauvre, le malade peut s'imaginer en bonne santé, le faible se croire fort. Chacun peut ici dans l'obscurité absorber les images, pour vivre dans une vie factice ce qu'il ne vivra jamais dans sa vie réelle.

S'adonner à cette vie factice est devenu une grande passion du Papalagui, elle est souvent si grande qu'il en oublie sa vraie vie. Cette passion est maladive, car un homme authentique ne veut pas vivre une vie simulée dans une pièce sombre, mais une vie chaude et vraie au soleil rayonnant.

La conséquence de cette passion est que beaucoup de Papalaguis qui sortent du lieu où l'on simule la vie ne peuvent plus la distinguer de la vie réelle. Dans une grande confusion, ils se croient riches quand ils sont pauvres, ou beaux quand ils sont affreux. Ou bien ils commettent des méfaits qu'ils n'auraient jamais commis dans leur vie réelle, mais qu'ils commettent parce qu'ils ne peuvent plus distinguer ce qui est vrai de ce qui ne l'est pas.

Vous avez tous observé un état semblable chez le Papalagui quand il a bu trop de kava européen et se voit marchant sur des vagues.

Les mille papiers également provoquent une sorte de vertige et d'ivresse sur le Papalagui. Que sont les mille papiers ? Imaginez une natte de *tapa*[1], mince et blanche, pliée, divisée et encore pliée, toutes les surfaces couvertes d'écritures serrées : voilà les *mille feuilles* ou les *journaux*, comme les appelle le Papalagui. Dans ces feuilles se trouve la grande intelligence du Papalagui. Il faut qu'il mette matin et soir sa tête entre elles, pour la remplir de nouveautés et la rassasier, pour avoir beaucoup de pensées et penser mieux, de même que le cheval court mieux quand il a mangé beaucoup de bananes et que son corps est bien rempli.

Quand l'*alii* est encore couché sur sa natte, des messagers se dépêchent déjà d'aller dans tout le pays distribuer les papiers. C'est la première chose dont se saisit le Papalagui dès qu'il a repoussé le sommeil. Il lit. Il plonge ses yeux dans ce que racontent les mille papiers. Et tous les Papalaguis font pareils, ils lisent. Ils lisent ce que les plus grands chefs et orateurs de l'Europe ont dit dans leurs *fono*.

C'est écrit avec précision sur la natte, même quand c'est quelque chose d'extravagant. Même les pagnes que les *alii* portaient sont exactement décrits ainsi que ce qu'ils ont mangé, comment s'appelle leur cheval, s'ils ont le *féfé*[2] ou les idées vagues.

Ce qu'ils relatent, serait exprimé dans notre pays de la manière suivante : *Ce matin, après une bonne*

---

1. Étoffe fabriquée à partir de ficus, ou de l'écorce de l'arbre à pain, martelée, encollée et peinte.
2. Maladie des tissus qui fait enfler les membres.

nuit de sommeil, le poulé-nouou[1] *de Mataoutou a mangé un reste de taro avant d'aller pêcher. Il est revenu à sa hutte à midi, s'est étendu sur sa natte, a chanté et lu la Bible jusqu'au soir. Sa femme Sina a d'abord donné le sein à leur enfant, puis elle est allée se baigner, et sur le chemin du retour, elle a trouvé une belle fleur de* poua[2] *dont elle a orné ses cheveux...* Ainsi de suite !

Tout ce qui arrive et que font ou ne font pas les hommes est propagé, comme le fait qu'ils ont tué un cochon ou un poulet, ou se sont construit une nouvelle pirogue, et leurs bonnes et mauvaises idées de même. Rien n'arrive dans le vaste pays sans que les nattes le rapportent fidèlement. Le Papalagui appelle ça : « *Être au courant de tout* ». Il veut être informé sur tout ce qui se passe dans son pays d'un coucher de soleil à l'autre. Il est outré, quand quelque chose lui échappe. Il absorbe tout avidement, bien que toutes les horreurs aussi soient divulguées et tout ce qu'un homme de bon sens préfère oublier très rapidement. Et justement, ce mauvais qui est porteur de douleurs est encore plus minutieusement communiqué que tout le bon, oui, jusqu'au dernier détail, comme si le bon n'était pas beaucoup plus important et plus gai à partager que le mauvais !

Quand tu lis le *journal*, tu n'as pas besoin de voyager et d'aller à Apolima, Manono ou Savaii pour savoir ce que font tes amis, ce qu'ils pensent ou ce qu'ils fêtent. Tu peux rester tranquille sur ta

1. Le juge.
2. Frangipanier (voir lexique : *poua*).

natte, les journaux te racontent tout. Cela semble bien et agréable, mais ce n'est qu'une illusion. Si tu rencontres ton frère et que chacun d'entre vous a déjà mis la tête dans les mille papiers, vous n'avez plus rien de nouveau ni de spécial à partager l'un avec l'autre ; chacun ayant la même chose dans la tête, vous vous taisez ou vous ne faites que répéter ce qu'ont dit les journaux. Cela sera toujours plus fort de confier directement une peine, ou de fêter une joie avec ceux-là mêmes qui la fêtent, que de recevoir les nouvelles de bouches étrangères sans avoir rien vu de ses propres yeux.

Pourtant, ce n'est pas que le journal nous raconte ce qui se passe qui fait si mal à notre âme, mais c'est qu'il nous dise aussi ce que nous devons penser de ceci ou de cela, de nos chefs de tribu, des chefs d'autres pays, de tous les évènements et de tous les agissements des hommes. Le journal lutte contre ma propre tête et mes propres pensées. Il voudrait faire toutes les têtes des hommes sur le même modèle : sa tête à lui. Et il réussit. Si le matin tu lis les mille papiers, tu sais à midi ce que chaque Papalagui trimbale dans sa tête et ce qu'il pense.

Le journal est aussi une sorte de machine qui fabrique quotidiennement quantité de pensées nouvelles, beaucoup plus que ce qui peut émerger dans une seule tête. Mais la plupart de ces pensées sont faibles et ternes, elles remplissent bien notre tête de beaucoup de provisions, mais ne la rendent pas plus forte. Nous pourrions tout aussi bien remplir notre tête de sable. Le Papalagui bourre sa tête de cette nourriture inutile des papiers. Avant d'avoir pu rejeter une bouchée, il en reprend déjà une nouvelle. Sa tête est comme ces marais de la mangrove qui étouffent dans leur vase, où plus rien de vert ni de fertile ne pousse, où s'élève seulement une fâcheuse brume et s'agitent des insectes qui piquent.

Le lieu de la vie factice et les mille papiers ont fait du Papalagui ce qu'il est : un être faible et dans l'erreur, qui aime l'illusion et ne sait plus reconnaître le réel, qui confond la lune avec son reflet et une natte couverte d'inscriptions avec la vie.

LA MALADIE DE PENSER
SANS CESSE

Quand le mot *esprit* vient dans la bouche du Papalagui, ses yeux s'agrandissent, s'arrondissent et deviennent fixes, il soulève sa poitrine, respire profondément et se dresse comme un guerrier qui a battu son ennemi, car *l'esprit* est quelque chose dont il est particulièrement fier. Il n'est pas question là du grand et puissant Esprit que le missionnaire appelle Dieu, et dont nous ne sommes tous qu'une image chétive, mais du petit esprit qui est au service de l'homme et produit ses pensées.

Quand d'ici je regarde le manguier derrière l'église de la mission, ce n'est pas de l'esprit, parce que je ne fais que regarder. Mais quand je me rends compte que le manguier dépasse l'église, c'est de l'esprit. Donc il ne faut pas seulement regarder, mais aussi réfléchir sur ce que l'on voit. Ce savoir, le Papalagui l'applique du lever au coucher du soleil. Son esprit est toujours comme un tube à feu chargé ou comme une canne à pêche prête au lancer. Il a de la compassion pour nous, peuple des nombreuses îles, qui ne pratiquons pas ce *savoir-réfléchir-sur-tout*. D'après lui, nous serions pauvres d'esprit et bêtes comme les animaux des contrées désertiques.

C'est vrai que nous exerçons peu le savoir que le Papalagui nomme *penser*. Mais la question se pose si est bête celui qui ne pense pas beaucoup, ou celui qui pense beaucoup trop. Le Papalagui pense constamment : « *Ma hutte est plus petite que le palmier... Le palmier se plie sous l'orage... L'orage parle avec une grosse voix...* » Il pense ainsi, à sa manière naturellement. Et il réfléchit aussi sur lui-même : « *Je suis resté de petite taille... Mon cœur bondit de joie à la vue d'une jolie fille... J'aime beaucoup partir en* mélaga... » Et ainsi de suite...

C'est bon et joyeux, et peut même présenter un intérêt insoupçonné pour celui qui aime ce jeu dans sa tête. Cependant le Papalagui pense tant que penser lui est devenu une habitude, une nécessité et même une obligation. Il faut qu'il pense sans arrêt. Il parvient difficilement à ne pas penser, en laissant vivre son corps. Il ne vit souvent qu'avec la tête, pendant que tous ses sens reposent dans un sommeil profond, bien qu'il marche, parle, mange et rie.

Les pensées, qui sont les fruits du *penser*, le retiennent prisonnier. Il a une sorte d'ivresse de ses propres pensées. Quand le soleil brille, il pense aussitôt : « *Comme il fait beau maintenant !* » Et il ne s'arrête pas de penser : « *Qu'il fait beau maintenant !* » C'est faux. Fondamentalement faux. Fou. Parce qu'il vaut mieux ne pas penser du tout quand le soleil brille.

Un Samoan intelligent étend ses membres sous

la chaude lumière et ne pense à rien. Il ne prend pas seulement le soleil avec la tête, mais aussi avec les mains, les pieds, les cuisses, le ventre et tous les membres. Il laisse sa peau et ses membres penser pour lui. Et ils pensent certainement aussi, même si c'est d'une autre façon que la tête. Mais pour le Papalagui l'habitude de penser est souvent sur le chemin comme un gros bloc de lave dont il ne peut se débarrasser. Il pense à des choses gaies, mais n'en rit pas, à des choses tristes, mais n'en pleure pas. Il a faim, mais ne prend pas de taro ni de *palousami*[1]. C'est un homme dont les sens vivent en conflit avec l'esprit, un homme divisé en deux parties.

La vie du Papalagui est comparable à un homme qui part en pirogue à Savaii et pense, à peine éloigné de la rive : « *Combien de temps me faudra-t-il pour arriver à Savaii ?* » Il pense, mais ne voit pas le paysage charmant dans lequel se déroule son voyage. Bientôt sur la rive gauche se présente un flanc de montagne. Son œil l'a à peine capté qu'il ne peut le lâcher : « *Que peut-il y avoir derrière la montagne ? Une baie étroite ou profonde ?* »

Avec de telles pensées il oublie de chanter en compagnie des jeunes le chant des rameurs. Il n'entend pas non plus le joyeux badinage de la jeune fille. La baie et la montagne à peine dépassées, une nouvelle pensée le tracasse : « *Et si l'orage venait avant le soir ?* » Dans le ciel clair il cherche des nuages sombres, en continuant à

1. Un des mets favoris des Samoans, composé de crème à la noix de coco, enveloppée dans une feuille de taro.

penser à l'orage qui pourrait bien venir. L'orage ne vient pas, et le soir, il atteint Savaii sans encombre. Pourtant c'est comme s'il n'avait pas voyagé, car ses pensées étaient toujours loin de son corps et hors du bateau. Il aurait aussi bien pu rester dans sa hutte d'Upolu.

Un esprit qui nous tracasse comme ça est un *Aïtou* et je ne vois pas pourquoi il faudrait que je l'aime. Le Papalagui aime et respecte son esprit. Il le nourrit avec les pensées de son cerveau. Il ne le laisse jamais avoir faim, et pourtant cela ne l'étouffe pas, car les pensées se dévorent entre elles.

Il fait beaucoup d'éclat avec ses pensées et les laisse devenir bruyantes comme des enfants que l'on n'a pas encore éduqués. Il se conduit comme si ses pensées étaient aussi précieuses que les fleurs, les montagnes et les forêts ! Il parle de ses pensées comme si en comparaison un homme brave et une femme gaie n'avaient aucune valeur ! Il se comporte même comme s'il y avait quelque part le commandement que l'homme devait beaucoup penser, et même comme si ce commandement venait de Dieu...

Quand les palmiers et les montagnes pensent, ils ne font pas beaucoup de bruit. Et sûrement que si les palmiers pensaient aussi fort et aussi obstinément que le Papalagui, ils n'auraient pas de belles feuilles vertes ni des fruits d'or. Ils tomberaient avant d'être mûrs. (Car l'expérience confirme que penser rend vite vieux et enlaidit.) Mais il est plus vraisemblable qu'ils pensent très peu...

Il y a toutes sortes de façons de penser et divers

buts pour la flèche de l'esprit. Je plains les penseurs qui se préoccupent du temps qui est loin de nous. « *Comment est-ce que cela sera quand viendra le prochain rougeoiement du matin ? Que projette pour moi le Grand-Esprit quand j'irai dans le* Saléfé'é[1] *? Où étais-je avant que les messagers de* Tagaloa[2] *m'offrent l'*agaga[3] *?* » Ces pensées sont aussi inutiles que de vouloir voir le soleil les yeux fermés. Cela ne marche pas. Ce n'est pas possible de penser aux temps à venir et aux commencements et d'aboutir réellement dans ses réflexions. Ceux qui essaient en font l'expérience : ils passent sans évolution de la jeunesse à l'âge adulte comme le martin-pêcheur s'immobilise à un emplacement. Ils ne voient plus le soleil, la mer immense, la jeune fille aimable, ils n'ont plus de joie, plus rien. Ils n'apprécient même plus le kava, et pendant la danse sur la place du village ils regardent la terre devant eux. Ils ne vivent pas, bien qu'ils ne soient pas morts. La maladie de penser sans cesse les a atteints gravement.

Ces pensées doivent agrandir la tête. D'ailleurs quand quelqu'un pense beaucoup et rapidement, on dit en Europe qu'il a une grosse tête. Au lieu d'avoir pitié de ces grosses têtes, le Papalagui les respecte particulièrement. Les villageois les prennent pour chefs, et quand une grosse tête arrive, elle doit penser en public, ce qui est très admiré et ravit tout un chacun. Quand une grosse tête meurt,

1. Les enfers.
2. Nom du plus grand Dieu légendaire.
3. L'âme.

tout le pays est en deuil et beaucoup de regrets se manifestent pour cette grande perte. On fait une copie dans la pierre de la grosse tête décédée et on l'expose à tous les regards sur la place du marché. On taille ces têtes de pierre encore beaucoup plus grosses qu'elles ne l'étaient de leur vivant, pour que les gens du peuple s'émerveillent vraiment et se souviennent humblement de leur propre petite tête.

Quand on demande à un Papalagui : « *Pourquoi penses-tu autant ?* », il répond : « *Parce que je ne veux pas rester idiot.* » On considère qu'est *valéa* tout Papalagui qui ne pense pas, même si en vérité, il est intelligent, celui qui ne pense pas beaucoup et pourtant trouve son chemin.

Je crois que ceci n'est qu'un prétexte et que le Papalagui ne fait que suivre un mauvais penchant. Le véritable but de ses pensées est la conquête des forces du Grand-Esprit. C'est une manière d'agir qu'il indique lui-même dans le mot : *connaître*. Connaître, ça veut dire avoir une chose si près des yeux, que, le nez dessus, on passe à travers.

Cette fouille ou cette pénétration de toute chose est une convoitise méprisable et de mauvais goût. Le Papalagui saisit par exemple une scolopendre [1], la transperce avec une petite lance, lui arrache une patte et dit : « *À quoi ressemble une patte séparée de son corps ? ... Comment tenait-elle au corps ?* » Il casse la patte pour examiner l'épaisseur. C'est important, c'est capital ! ... Il enlève de la patte une esquille grosse comme un grain de sable et la

---

1. Mille-pattes des régions chaudes.

pose sous un long tube à la force mystérieuse qui donne aux yeux une vue bien plus perçante. Avec ces grands yeux puissants il scrute chaque chose, un cheveu, un lambeau de ta peau, tes larmes, tout. Il divise tout jusqu'à ce qu'il arrive à un point où rien ne peut plus être séparé ni divisé. Bien que ce point soit le plus petit, il est essentiel, car c'est l'entrée de la plus haute connaissance, celle que détient seulement le Grand-Esprit.

Cette entrée-là est tout de même interdite au Papalagui, et ses meilleurs yeux magiques n'ont pas encore regardé à l'intérieur. Le Grand-Esprit ne laisse jamais prendre ses secrets. Jamais. Celui qui garde ses jambes enlacées autour du palmier n'est jamais monté plus haut que le palmier. Arrivé à la cime, il faut qu'il redescende, le tronc manque pour grimper plus haut. Le Grand-Esprit n'aime pas les indiscrétions des hommes, c'est pour cela qu'il a tendu sur toutes choses de grandes lianes qui n'ont ni début ni fin. Et celui qui poursuit de très près toute pensée découvrira sûrement qu'il finit toujours bredouille, et qu'il doit laisser au Grand-Esprit les réponses qu'il ne peut donner lui-même.

Même les plus intelligents et les plus obstinés des Papalaguis en conviennent. Cependant, la plupart des malades de la pensée ne renoncent pas à leur plaisir. Et il se passe que la pensée conduit l'homme autant de fois dans l'errance que s'il se promenait dans la forêt vierge là où aucun sentier n'est encore tracé. Ils pensent d'une façon tordue, et leurs sens peuvent – c'est effectivement arrivé – ne plus distinguer tout à coup l'homme de l'animal. Ils prétendent alors que l'homme serait un animal, et que l'animal serait humain !

C'est une chose grave et lourde de conséquences que toutes les pensées, indifféremment bonnes ou mauvaises, soient jetées de la même façon sur les minces nattes blanches. Le Papalagui dit qu'elles sont *imprimées*. Cela veut dire que ce que ces malades-là pensent est alors écrit avec une mystérieuse machine, pleine de merveilles, qui a mille mains et la volonté puissante de plusieurs grands chefs. Pas une ou deux fois seulement, mais de multiples fois, infiniment toujours les mêmes pensées. Une grande quantité de nattes de pensées est ensuite comprimée en paquets – le Papalagui les appelle *livres* – et expédiée dans tous les coins du grand pays. Tous ceux qui absorbent ces pensées sont aussitôt contaminés. Car on engloutit les nattes de pensées comme des bananes très douces. Elles ont leur place dans chaque hutte. On en remplit des bahuts entiers, et jeunes et vieux les grignotent comme les rats rongent la canne à sucre. Il résulte de cela qu'un très petit nombre de Papalaguis peut encore avoir avec bon sens des pensées simples comme tout Samoan authentique.

Dans la tête des enfants aussi, on pousse des quantités de pensées, tant qu'elles y entrent. Ils doivent de force ronger chaque jour leur quantité de nattes à penser. Seuls les plus sains repoussent ces pensées ou les laissent passer par leur esprit comme à travers un filet. La plupart malheureusement surchargent leur tête avec tant de pensées qu'il n'y a plus de place à l'intérieur, et la lumière n'y pénètre plus. On appelle cela *former l'esprit*, et l'état résultant de cette sorte de trouble, *l'instruction*, qui en général est très étendue.

L'instruction signifie : remplir les têtes à ras bord de savoirs. Celui qui est instruit, ou cultivé, connaît la hauteur du palmier, le poids de la noix de coco, le nom de tous ses grands chefs et la date de leurs guerres. Il sait la taille de la lune, des étoiles et de tous les pays. Il connaît chaque fleuve par son nom, chaque animal et chaque plante. Il sait tout, tout, tout. Pose à un Papalagui cultivé une question, il te fusille de la réponse avant que tu aies le temps de fermer la bouche. Sa tête est toujours chargée de munitions et prête à tirer. Chaque Européen donne le plus beau moment de sa vie pour rendre sa tête semblable au tube à feu le plus rapide. Celui qui voudrait s'en dispenser est contraint et forcé. Il faut que chaque Papalagui apprenne et pense.

La seule chose qui pourrait guérir tous ces malades de la pensée, l'oubli, le rejet des pensées, n'est pratiquée que par un nombre très réduit. La plupart trimbalent un poids si lourd dans leur tête que leur corps fatigué et épuisé se fane avant l'heure.

Est-ce que nous devons, mes chers frères non pensants, après tout ce que je vous ai fidèlement rapporté, être vraiment les disciples du Papalagui et apprendre à penser comme lui ? Je dis : « *Non !* » Car nous ne devons rien faire de ce qui ne rend pas notre corps plus fort et nos sens meilleurs et plus heureux. Il faut nous garder de tout ce qui voudrait nous voler la joie de vivre, de tout ce qui

assombrit notre esprit et lui prend sa lumière lim-
pide, de tout ce qui met notre tête en conflit avec
notre corps. Le Papalagui nous prouve lui-même
que penser est une grave maladie qui diminue de
beaucoup la valeur de l'être humain.

L'OBSCURITÉ DU PAPALAGUI

Mes chers frères, il y a eu une époque où nous demeurions dans l'obscurité, aucun de nous ne connaissait la rayonnante lumière de l'Évangile. Nous étions perdus comme des enfants qui ne peuvent pas trouver leur hutte, car notre cœur ne connaissait pas l'Amour, et nos oreilles étaient encore sourdes à la parole de Dieu.

Le Papalagui nous a apporté la Lumière. Il vint à nous pour nous libérer de notre obscurité. Il nous conduisit vers Dieu et nous apprit à l'aimer. Nous l'avons vénéré comme le porteur de Lumière, comme le messager du Grand-Esprit que le Blanc appelle Dieu. Nous avons reconnu et admis le Papalagui comme un frère, nous ne lui avons pas défendu notre pays, mais nous avons partagé avec lui tous les fruits et toute nourriture avec sincérité, comme le font les enfants d'un même père.

L'homme blanc ne s'est pas laissé rebuter par la tâche pour nous apporter l'Evangile, même lorsqu'on s'opposait à son enseignement, comme des enfants têtus. Nous lui serons toujours reconnaissants pour sa peine et pour tout ce qu'il a enduré à cause de nous, et nous le fêterons à jamais en lui rendant hommage comme à notre messager de Lumière.

Le missionnaire du Papalagui nous a d'abord appris ce que représentait Dieu, et il nous a éloignés de nos anciennes divinités qu'il appelle de fausses idoles parce qu'elles n'ont pas le vrai Dieu en elles. Alors nous avons arrêté de prier les étoiles de la nuit, les forces du feu et du vent, et nous nous sommes tournés vers son Dieu, le Grand-Dieu qui est dans le ciel.

La première chose que Dieu fit, fut de nous faire prendre par le Papalagui tous les tubes à feu et toutes les armes, afin que l'on vive paisiblement ensemble comme de bons chrétiens. En effet, vous savez les paroles de Dieu de nous aimer les uns les autres et ne pas tuer, qui sont son plus grand commandement. Nous avons donné nos armes, et depuis, les guerres ne dévastent plus nos îles et chacun considère l'autre comme son frère. Nous avons fait l'expérience que Dieu a raison avec son commandement, car aujourd'hui, village après village, on vit paisiblement, là où autrefois régnaient de grands désordres et des horreurs sans fin.

Et même si le Grand-Dieu n'est pas encore dans chacun de nous, le remplissant de son Amour, nous reconnaissons tous, avec remerciements, que nos sens sont devenus plus grands et plus puissants depuis que nous honorons Dieu comme le grand, le plus grand chef et maître de la terre. Nous écoutons dans le respect et la reconnaissance ses grandes paroles intelligentes qui nous rendent plus forts dans l'Amour et qui nous remplissent toujours plus de son Grand-Esprit.

Le Papalagui, disais-je, nous a apporté la Lumière, la magnifique Lumière, qui a flambé profondément dans nos cœurs et a rempli nos sens de joie et de gratitude. Il a eu la Lumière plus tôt que nous. Le Papalagui était déjà dans la Lumière quand les plus âgés d'entre nous n'étaient pas encore nés. Mais il tient la Lumière à bout de bras, seulement pour éclairer les autres, son propre corps se trouve dans l'obscurité et son cœur est loin de Dieu, bien que sa bouche dise son nom, parce qu'il tient la Lumière dans ses mains.

Rien ne m'est plus difficile et rien ne me remplit davantage de tristesse, mes chers enfants des nombreuses îles, que de vous annoncer cela. Mais nous ne devons pas, et nous ne voulons pas nous tromper sur le Papalagui, pour qu'il ne nous entraîne pas dans son obscurité. Il nous a apporté la parole de Dieu, oui. Mais lui-même n'a pas compris cette parole et son enseignement. Il l'a comprise avec sa tête et avec sa bouche, mais pas avec son corps. La Lumière n'a pas pénétré en lui, afin qu'il en rayonne et que lorsqu'il arrive, tout s'éclaire de la Lumière sortant de son cœur, cette Lumière que l'on peut aussi appeler l'Amour.

Il ne ressent plus sans doute ce mensonge entre ses mots et son corps. Mais vous pouvez remarquer qu'aucun Papalagui ne peut plus sortir le mot Dieu de son cœur. En le disant, il étire sa figure comme s'il était fatigué ou comme si ce mot ne le concernait pas.

Tous les Blancs se donnent bien le nom d'enfants

de Dieu, et se font confirmer leur foi par les chefs de ce monde en l'écrivant sur des nattes. Dieu leur est pourtant étranger, même si chacun a reçu le grand apprentissage et Le connaît. Même ceux qui sont déterminés à parler de Lui dans les grandes huttes splendides bâties pour Sa gloire n'ont pas Dieu en eux, et le vent et le vide prennent leurs discours. Ces parleurs de Dieu ne remplissent pas leurs propos avec la présence divine, ils parlent comme les vagues qui se brisent sur les récifs : on ne les entend plus, même si elles déferlent d'une façon ininterrompue.

Je peux dire cela sans que Dieu se fâche contre moi : nous, les enfants des îles, nous n'étions pas pires, quand nous adorions les étoiles et le feu, que le Papalagui maintenant. Nous étions mauvais et dans l'obscurité, parce que nous ne connaissions pas la Lumière. Mais le Papalagui connaît la Lumière, et pourtant il est mauvais et vit encore dans l'obscurité. Le pire, c'est qu'il se nomme enfant de Dieu et chrétien, et veut nous faire croire qu'il est le feu parce qu'il porte une flamme dans les mains.

Le Papalagui se souvient rarement de Dieu. Ce n'est que pris dans le tourbillon d'une tempête, ou lorsque la flamme de sa vie menace de s'éteindre, qu'il pense qu'il y a des forces au-dessus de lui et de plus hauts chefs pour les hommes. À la lumière du jour, Dieu le dérange et il le tient éloigné de ses étranges jouissances et de ses plaisirs. Il sait qu'ils ne peuvent pas du tout plaire à Dieu, et il sait aussi que si la lumière de Dieu était réellement en lui, il devrait, de honte, se jeter dans le sable.

Car il n'est rempli que de haines et de désirs. Son cœur est devenu un grand hameçon, un hameçon cupide, au lieu d'être une lumière qui éloigne l'obscurité, qui illumine et réchauffe tout.

Le Papalagui se nomme *chrétien*. Ce mot sonne comme un chant très doux. Puissions-nous nous appeler chrétiens pour tous les temps ! Être chrétien, cela veut dire : avoir de l'Amour pour le Grand-Dieu et pour ses frères et ensuite pour soi-même. L'Amour – c'est faire le bien – doit être en nous comme notre sang, et complètement un avec nous comme la tête et la main. Le Papalagui a les mots Christ, Dieu et Amour seulement dans la bouche. Il remue sa langue et fait beaucoup de bruit avec ces mots.

Malheureusement son cœur et son corps ne s'inclinent pas devant Dieu, mais seulement devant les choses, devant le métal rond et le papier lourd, devant les pensées de plaisir et devant les machines. Aucune lumière ne le remplit, mais une furieuse avarice de son temps et les folies de sa profession. Il se rend dix fois au lieu de la vie factice, qu'il appelle cinéma, plutôt que de se tourner une fois vers Dieu, qui est loin, loin...

Chers frères, le Papalagui a aujourd'hui plus d'idoles que nous en avions autrefois, si une idole est ce que nous adorons et privilégions dans nos cœurs. Dieu n'est pas le préféré dans le cœur du Papalagui. Et c'est pour cela qu'il ne fait pas Sa volonté, mais celle de l'*Aïtou*. Après réflexion, je vous dis que le Papalagui nous a apporté l'Évangile comme une sorte de monnaie d'échange pour s'accaparer nos fruits et la plus grande et plus belle partie de notre pays. Je le crois bien capable de cela car j'ai découvert beaucoup de saletés et beaucoup de péchés au fond du cœur du Papalagui ; et je sais que Dieu nous aime plus que lui, nous, qu'il appelle des sauvages, c'est-à-dire des hommes qui ont les dents de l'animal et pas de cœur dans le corps.

Mais Dieu passe dans ses yeux et Il sépare le Papalagui de Lui pour le voir faire. Il lui a dit : « *Sois ce que tu veux être. Je ne te fais plus d'injonctions.* » Et le Blanc a agi et s'est dévoilé. Honte ! Horreur ! ! ! La langue sonore et le mot fier, il nous a pris les armes, disant au nom de Dieu : « *Aimez-vous les uns les autres.* » Et maintenant ? Vous avez entendu parler, frères, du terrible évènement [1] sans Dieu, sans Amour et sans Lumière : l'Europe s'entretue. Le Papalagui est devenu fou furieux. Les uns tuent les autres. Il n'y a que sang, horreurs et destructions. Le Papalagui avoue enfin : « *Je n'ai pas Dieu en moi.* » La lumière dans sa main est en voie d'extinction. L'obscurité s'étend sur son chemin, on n'entend que l'effrayant battement d'ailes des chiens volants et le cri des hiboux.

Mes frères, l'Amour de Dieu me remplit ainsi que l'Amour de vous, aussi Dieu m'a donné ma petite voix pour vous dire tout ce que je vous ai dit. Afin que l'on demeure forts en nous-mêmes et que l'on ne succombe pas à la langue rapide et rusée du Papalagui. Désormais quand il nous

1. La guerre de 14-18.

approche, mettons nos mains devant nous et crions-lui : « *Tais-toi avec ta voix forte ! Tes paroles sont pour nous comme le brisement des flots et le bruissement des palmiers, mais nous ne voulons jamais plus t'entendre, tant que tu n'as pas toi-même un visage heureux et fort et des yeux clairs, jamais plus tant que Dieu ne rayonne pas de toi comme un soleil !* »

Et nous voulons encore lui crier : « *Reste loin de nous avec tes désirs et tes plaisirs, ta cupidité pour la richesse entre les mains ou la richesse dans la tête, ta voracité à devenir plus que ton frère, tes nombreuses actions insensées, les actes désordonnés de tes mains et tes pensées curieuses de savoir, qui cependant ne savent rien. Toutes tes folies qui t'empêchent de te reposer en dormant. Nous n'avons pas besoin de tout cela, nous nous contentons des joies nobles et belles que Dieu nous donne en grand nombre.* »

Puisse Dieu nous aider à ce que Sa lumière ne nous éblouisse pas et ne nous égare pas. Mais qu'elle éclaire tous les chemins pour que l'on marche dans la Lumière en la prenant en nous, splendide et magnifique. Et cela, c'est nous aimer les uns les autres et faire beaucoup *Talofa* dans nos cœurs.

Postface de la traductrice

Erich Scheurmann, peintre et écrivain, naquit le 24 novembre 1878 à Hambourg et mourut le 4 mai 1957 à Armsfeld. De 1914 à 1915, il fit un voyage à Samoa. Il en rapporta des photographies qui firent l'objet d'une publication (*Samoa*, 1926). Sur l'une de ces photos Touiavii apparaît dans toute sa dignité d'*alii*. Pendant mon expérience de traduction, j'ai vécu habitée par lui, comme un médiateur peut l'être. La voix de cet homme fin et intelligent est là sous la traduction allemande, puis sous la traduction française. Ce n'est pas un roman comme les *Lettres persanes* de Montesquieu. Souvent drôles, les notes authentiques de l'aborigène vont dans leur critique sociale très loin, jusqu'aux rouages de l'inconscient. *« Croyez-moi, bien chers frères, je suis arrivé derrière les pensées du Papalagui et j'ai vu ses intentions comme si le soleil l'éclairait en plein midi »* (p. 57). C'est l'orgueil du Papalagui qui le mène aux catastrophes ! Touiavii arrive également au même constat que certains chercheurs en physique : *« Bien que ce point soit le plus petit, il est essentiel, car c'est l'entrée de la plus haute connaissance* » (p. 121). Un rien devant lequel la science finit par s'arrêter... Ces propos m'ont tour à tour amusée, bousculée, révoltée, apaisée, pour finalement m'apporter plus de profondeur humaine, et d'amplitude dans l'ouverture au monde.

Touiavii se préparait à parler de la menace que cachait le Blanc, en allant en *mélaga* de village en village faire des causeries, en cercle autour de la *tanoa*. Les chapitres de ce livre ne représentent que les thèmes de ces onze conversations dévoilant l'une après l'autre les facettes des Blancs. Et nous voilà nous-mêmes sous le faisceau de cet éclairage venu de loin. L'envie se lève de secouer nos habitudes et de nous dévêtir de nos vieilles peaux, pour retrouver la vérité nue. Marchant pieds nus, Touiavii nous rappelle à l'unité des pieds à la tête, au nécessaire équilibre pour marcher sur un vrai chemin. Il évoque nos dos voûtés et nos *os devenus durs et immobiles* (p. 96), ainsi que l'expriment les fasciathérapeutes qui œuvrent à rendre nos corps plus mobiles, nos os plus moelleux. Il pensait que les Blancs étaient malades ou fous, et dans son amour il désirait qu'ils guérissent, qu'ils se libèrent. L'indigène converti se trouve déçu, horrifié même par le Blanc qui lui a transmis naguère la Bonne Nouvelle. Il voit qu'il a le mot Dieu dans la bouche mais non dans le cœur et ne vit pas selon le commandement de s'aimer. Ses mots ont perdu leur sens, leur sève. Un retour aux sources du message est continuellement nécessaire. Touiavii à son tour rappelle l'enseignement de Jésus, comme des âmes éclairées, souvent isolées, l'ont rappelé sans cesse. En Russie, au XIXe siècle, saint Séraphin de Sarov dit : « Le but du chrétien est l'acquisition du Saint-Esprit » et il en témoigne en devenant lui-même physiquement lumière. Touiavii possède l'intelligence du cœur et ressent la vivification des sens délivrée par une vraie vie où la lumière remplit les sens de joie (voir p. 128). « Notre père abaisse les yeux sur nous et brille dans nos cœurs » (prière samoane).

« Dans la tête des enfants aussi, on pousse des quantités de pensées, tant qu'elles y entrent » (p. 122). Le bourrage de crâne de notre éducation et la spécialisation de nos professions sont une négation des besoins vitaux de notre être, qui est corps, âme et esprit. Beaucoup d'enfants et d'adolescents sont en souffrance à cause du déséquilibre de leur formation. Une école de la vie vise avant tout le développement humain, au moyen notamment de la création artistique, dans laquelle on n'oublie pas le sens du beau. Voir l'éducation à la vie comme à une danse dans l'harmonie ! – Qu'est-ce que l'homme ? Ce que je suis et ce que tu es, voilà l'homme. Il n'appartient qu'à nous d'aller vers une meilleure qualité de l'être.

De la même manière que la tête ne devrait pas se dissocier du cœur, le livre ne devrait pas se dissocier de la parole, qui est première. C'est la voix de Touiavii qui a frappé la mémoire de Scheurmann d'une empreinte assez forte pour être transmise jusqu'à nous, et traduite en de nombreuses langues. Sa voix était douce et dans la langue samoane, fluide de toutes ses voyelles, les paroles s'écoutent comme des chants. Le samoan est la langue polynésienne la plus parlée : 300 000 locuteurs vis-à-vis de 125 000 en ce qui concerne le tahitien ou 100 000 pour le maori. L'éloquence joue un grand rôle, chez le Samoan comme chez le Tahitien, et un grand chef est un homme qui parle bien (cf. Victor Segalen, *Les Immémoriaux*). À l'écrit, l'anglais est officiellement préféré à Samoa ! Il n'y a pas de journaux quotidiens, et tout de même l'hebdomadaire *Savali* publie une édition en samoan de nos jours.

L'écrivain Robert Louis Stevenson a vécu dans les paysages enchanteurs d'Upolu de 1890 à 1894, date de sa mort, et repose au sommet du mont Vaéa. Ses amis samoans l'appelaient le *tusitala*, le conteur d'histoires. Il savait comprendre l'enthousiasme, l'amour spontané de la vie de ce peuple qui chante, « *Chaque instant de leur vie tend imperceptiblement vers un idéal de beauté.* » Il tenait les cultures des îles pour l'expression d'une civilisation raffinée, dit Michel Le Bris. Les Samoa occidentales sont indépendantes depuis 1962. Et l'art de vivre y doit encore beaucoup aux anciennes coutumes. Seule la capitale Apia arbore Mac Donald's, pizzerias et tout ce qui est indispensable aux « civilisés », car elle a été particulièrement en proie aux Papalaguis. « *Quand l'homme a besoin de beaucoup de choses, il est dans une grande pauvreté, car il prouve en cela qu'il est démuni des choses du Grand-Esprit* » (p. 58). Ces cris d'alarme écologistes et humains s'adressent à nous d'autant plus que notre matérialisme ne cesse de s'aggraver. On s'asphyxie dans les villes et les stations d'air pur se vendent ! La technique permet de rallonger la vie de l'homme, mais on peut se demander pour quelle vie.

Et Touiavii nous laisse songeurs quand il dit qu'il est mieux de ne pas savoir son âge. « *Le temps lui échappe parce qu'il le retient trop. Il ne le laisse pas venir à lui* » (p. 70). Pour un moment, laissons le temps venir à nous, respirons avec le vent.

L'écrit est ce moyen donné à la voix. La vôtre. Un chapitre, qui avec son entrée en matière et sa conclusion peut se suffire à lui-même, se dit en dix à quinze minutes. Écoutons alors ce qui s'éveille et s'ouvre en nous... Quand vous aurez lu et dit *Le Papalagui*, passez-le à vos amis pour qu'il circule et se vive, puisqu'il porte une roue de lumière.

Talofa,
Dominique Roudière

Bibliographie

Séraphim de Sarov, par Irina Goraïnoff, chez Desclée de Brouwer, 1995

La Vie entre les mains, Danis Bois (fasciathérapeute), chez Guy Trédaniel, 1993

Dans les mers du Sud, R. L. Stevenson, Payot, 1995

Les Pleurs de Laupepa, R. L. Stevenson, Payot, 1995 (livre d'histoire des Samoa)

Notre aventure aux Samoa, Fanny et R. L. Stevenson, éd. Phébus, 1994

Lettres des mers du Sud, tome 2, correspondance de Stevenson, présentée par Michel Le Bris, Nil éditions, 1995

Note de l'éditeur

C'est une joie de rééditer aujourd'hui ces notes de Touiavii, dans une nouvelle traduction.

Des années auparavant, j'ai eu le désir de partir autour du monde en reportage filmé, recueillir les témoignages d'êtres vivants encore très en contact avec la nature, et capables d'exprimer leurs prises de conscience. Découvrant *Le Papalagui* d'Erich Scheurmann, je décidai que la voix « off » de Touiavii serait le pilier d'un film où fiction et reportage se mêleraient de façon à ne faire qu'un. J'ai rêvé cela, et j'ai voyagé à la rencontre de tels hommes, et de moi-même...

De retour dans mon pays, j'ai commencé à enregistrer, son et images, des hommes et des femmes en quête d'essentiel. Au fil des années est née ainsi une collection d'enregistrements vidéo intitulée « Antenne offerte à la conscience ».

En éditant cette nouvelle version du *Papalagui*, j'ai la sensation de clore ce cycle en rendant hommage à Touiavii, un de mes maîtres dans l'art de prendre la vie plus simplement !

Toutes ces années, sa présence a grandi en moi.

Peu à peu de nouveaux éléments devenaient perceptibles. Un jour j'ai découvert son visage ! Par bribes son univers me parvient, d'autres fois je vais à sa rencontre. Travaillant sur ce livre, des portes se sont soudain ouvertes, donnant accès à d'autres dimensions de Touiavii.

Ces peuples du Pacifique utilisaient traditionnellement les pouvoirs de certaines plantes, dans un sens initiatique. Comme cela se pratique, ou s'est pratiqué, un peu partout sur la planète, depuis des temps immémoriaux. L'usage du kava est dans ces îles un acte social, mais également le centre de rituels. Touiavii le compare au vin (p. 107), que d'ailleurs nombre de religieux de nos pays oublient souvent de partager !

Buvez, ceci est mon sang... La symbolique est puissante, et la foi a son pouvoir, les rituels samoans n'en étaient pas dépourvus ! Mais à cela il faut rajouter le potentiel propre de la plante *piper methysticum*, de la racine de laquelle le kava est extrait (voir lexique). Nul doute que lorsque Touiavii parle de la Grande Lumière, il parle avec le cœur d'un voyageur de l'esprit. Pour un tel homme, la parole christique est comme une musique venant d'un monde qu'il connaît déjà. Il sent que cette musique est juste et bonne, et il nous la redonne à sa façon.

2001, les écoles de méditation fleurissent en Occident, tandis que la violence à bien des niveaux infeste nos écrans. Les pouvoirs négatifs que nous donnons au métal rond et au papier pesant sont toujours là. Tant d'esprits prisonniers du mental nous révèlent une forme de misère, véritables guerres et famines que l'être reproduit en lui-même. Nos machines sont sur le point de nous dévorer... Un siècle après le constat de Touiavii, presque tout dans ses notes reste vrai, multiplié par 100, ou peut-être 2 000 !

Pourtant les Papalaguis semblent porteurs de quelque chose effectivement (p. 127). Et si les reflets de l'inconscient collectif sont toujours bien sombres, l'humanité semble progresser vers plus de tolérance, de fraternité et d'amour.

Les obstacles fondent lorsque la clarté féconde les cœurs. Le Papalagui, poussé par son désir aveugle de conquête et de pouvoir, a malgré tout permis aux hommes de se rencontrer. Et lorsque enfin toutes les passions se seront tues, si elles n'ont pas tout tué, nous n'aurons plus qu'à nous retrousser les manches pour soigner cette terre en nous aimant les uns les autres...

Papalagui moi-même, parfois empêtré dans mes contradictions, travaillant à mettre au monde de nouvelles choses, je me questionne sur le chemin à suivre :

Pleurer et accepter ce que nous sommes,
Écouter le silence ?
Méditer en cultivant ce jardin prêté,
Ouvrir le cœur ?
Agrandir le champ de conscience,
Partager,
Rire ?

Jean-Jacques Roudière

Livres conseillés :

Élan-Noir parle. La vie d'un saint homme des Sioux Oglalas, de John G. Neihardt, chez Le Mail, 1987.

La Nourriture des dieux. En quête de l'arbre de la connaissance originelle, de Terence McKenna. Une histoire révolutionnaire des plantes, des drogues et de l'évolution humaine, chez Georg Éditeur, 1999.

Autobiographie d'un yogi. Un trésor éternel, de Paramahansa Yogananda. Pas à pas sur le chemin d'un des plus importants instructeurs spirituels du XXᵉ siècle. Éditions Adyar, 1999.

Lexique

Agaga : l'âme.

Aïga : la famille.

Aïtou : le mauvais Esprit, le Diable.

Alii : le monsieur, le noble.

Alii-sili : le Seigneur.

Alofa : le cadeau.

Apolima : île appartenant au groupe de Samoa.

Falani : la France.

Falé poui poui : la prison.

Féfé : la filariose, généralement cause d'éléphantiasis, particulièrement répandue sous les Tropiques.

Fono : la réunion, la soirée.

Ifilélé : arbre des Samoa à la fibre magnifique, très prisé pour la fabrication des *tanoa*.

Kava : kava-kava, kawa, kawa-kawa, ou ava.

La boisson rituelle des îles de Polynésie, préparée à partir des racines de l'arbuste kava. Les

N.d.É. : Nous avons, dans cette traduction, choisi de transcrire le « u » par « ou » et le « e » par « é », afin que la lecture française corresponde à la prononciation juste du samoan.

racines de *piper methysticum*, famille des poivres, étaient traditionnellement mâchées par des jeunes des deux sexes et crachées dans la *tanoa*, mêlées du sang de leurs bouches. Cette pratique, tout en évoquant la filiation de génération en génération, facilite le processus de fermentation du kava. La consommation du kava occupe traditionnellement une place centrale dans la vie sociale et cérémonielle des Polynésiens.

C'est un breuvage sédatif qui induit un état de bien-être, entraînant un sommeil profond et sans rêves dont on se réveille sans séquelles. Mais, suivant les quantités absorbées, on peut aussi parler de propriétés curarisantes, euphorisantes et psychotropes. Autrement dit, en agissant sur la moelle épinière et paralysant ainsi les muscles du corps, sans diminuer la vivacité du cerveau, le kava prépare aux expansions de conscience et peut donc renforcer l'effet d'autres substances agissant sur le système nerveux central.

« Le kava est monté, mon frère,
bois cette coupe de l'âme et de la sueur de notre peuple,
et donne-moi trois autres champignons
qui ont poussé à Mururoa,
sur la bouse des vaches amenées par le capitaine Cook
au nom des rois d'Angleterre et de France ! »

Extrait de « Blood in the Kava bowl »
Mana Review, 1976.

Par l'intermédiaire du pouvoir (ou du *Mana*) du kava, le chef et le reste de l'assemblée sont mis en contact avec le sacré et incarnent les divinités ancestrales. Les discours prononcés pendant ces cérémonies sont éloquents et détaillés, longs et empreints de termes de respect connu exclusivement des nobles.

Laou : mien *ou* tien.

Loto : l'office religieux.

Mangrove : ensemble de végétaux des marais du littoral tropical.

Manono : île appartenant au groupe de Samoa.

Mélaga ou **malaga** : le voyage.

« La pêche, la baignade quotidienne, le flirt, la cour, qu'on fait par procuration, la conversation en grande partie politique, et les délices des discours en public, toutes ces activités remplissent les longues journées. Mais un des plaisirs propres aux Samoans est le *mélaga*. Quand les gens se constituent en groupe et vont de village en village, festoyant et bavardant, on dit qu'ils vont faire un *mélaga*. Leurs chants les précèdent, l'auberge est prête pour les accueillir, les vierges du village s'occupent de préparer la coupe de *kava* et les divertissent de leur danse. Le temps s'envole dans la jouissance de tous les plaisirs qu'un insulaire peut concevoir. Et quand le *mélaga* se met en route, le même accueil et les mêmes réjouissances les attendent au-delà du cap, où le village le plus proche est blotti dans sa palmeraie. »

Extrait de *Notre aventure aux Samoa*
de Fanny et Robert Louis Stevenson.

Palousami : l'un des mets favoris des Samoans, composé de crème à la noix de coco, enveloppée dans une feuille de taro.

Papalagui : le Blanc, l'étranger, littéralement le pourfendeur du ciel. La prononciation samoane est proche de « Papalangui », le « g » étant doux et nasal. La vraie écriture est « Papalagi ».

Peletania : l'Angleterre.

Poua : *puafiti* ou *pualulu*, arbres de la famille des frangipaniers, comme le tiaré, dont les fleurs sont utilisées pour les parures.

Pouaa : le cochon.

Poulé-nouou : le juge.

Saléfé'é : les enfers.

Savaii : île appartenant au groupe de Samoa.

Siamanis : l'Allemagne.

Siva : danse aborigène.

Tagaloa : nom du plus grand Dieu légendaire.

Talofa : l'amour, « Je t'aime », s'utilise pour saluer.

Tanoa : le grand bassin évasé en bois poli soutenu par quatre pieds, servant à la préparation et à la distribution cérémonielle du kava.

Taopoou : vierge du village, reine des jeunes filles.

Tapa : l'étoffe fabriquée à partir de ficus, ou de l'écorce de l'arbre à pain, martelée, encollée et peinte.

Taro : plante cultivée pour ses tubercules.

Tofoua : haute montagne d'Upolu.

Toussi : la lettre.

Toussi-toussi : l'écrivain.

Valéa : stupide.

Yam : plante cultivée pour ses tubercules.

Le Papalagui pas à pas

En Allemagne depuis	1921
France	1981 et 2001
Danemark	1981
Finlande	1981
Hollande	1980
Norvège	1981
Suède	1983
Portugal	1983
Italie	1981
Japon	1981
Espagne	1983 (2 idiomes)
Angleterre	1980
Corée	1999
Chine	2002
Canada	2003

Table

La découverte d'une culture exotique et mystérieuse

Joseph **KESSEL**

FORTUNE
CARRÉE

C'est en 1931 que Kessel entreprit la rédaction d'un de ses plus beaux romans, *Fortune carr*ée. Il retrace l'histoire de deux hommes violents et sans attaches, Hakimoff et Henri de Monfreid, dans un cadre époustouflant de beauté : le Yémen, la mer Rouge, l'Éthiopie et la Somalie. Puisant dans son expérience de voyageur, Kessel nous livre un roman épique sur un monde aux antipodes de la vie occidentale.

Imprimé en Allemagne par
GGP Media GmbH, Pößneck
en mars 2013

POCKET – 12, avenue d'Italie – 75627 Paris cedex 13

Dépôt légal : juin 2004
Suite du premier tirage : mars 2013
S13032/14